師匠田辺一鶴へ
弟子鶴女が贈る
涙と笑いの講談道

鶴女の恩返し

聞き手
杉江松恋

扶桑社

依子《よりこ》は、あっけにとられて壇上の人を見ている。

そこは大きな体育館の中だった。依子の通っていた高校にも体育館はあったが、それよりもはるかに大きい。

おおおっ、というどよめき声が起きた。音のかたまりに横から体当たりをされたような気がして、依子は眩暈《めまい》がする。

ちらっと横目で右を見た。

依子が立っているのは体育館のフロア、舞台に上り下りする木製の階段脇《わき》だ。壇上にいる人に、そこで見ているように言われたのだった。

フロアにはパイプ椅子《いす》がぎっしりと並べられ、大勢の人が腰掛けていた。ほとんどが男性だが、ちらほらと女性も混じっている。空席はまったく無い。数えたら、おそらく千人はいるのではないだろうか。人がこれだけ集まると、自然と熱を発する。季節は夏、体育館の中は蒸し暑かった。汗が依子の背中を滴《したた》っていく。

観客たちの視線は壇上に集中していた。よそ見をしている人など一人もいない。全員が食い入るような眼差《まなざ》しで壇上の人に集中していた。

舞台の上では、その人が激しく身振り手振りをしながら話し続けている。

依子はこんな風貌《ふうぼう》の人に今まで会ったことがなかった。黒紋付の羽織袴《はかま》で、大きなひげを生やしている。

ひげの人は別に珍しくないが、こんな巨大なのは初めてだ。鼻の下から二本、こどもの腕くらいありそうな長いひげが垂れ下がっている。しかも、どういう理屈かはわからないが、そのひげの先がピンと反り返っていた。動くたびにひげは激しく揺れる。まるで、独立した生き物のようである。

壇上に集中していた視線が、一斉に自分のほうを向いたのを感じた。慌てて依子は下を向き、すぐに顔を上げた。

壇上の人が口を動かしながら依子のほうを見下ろしていた。さっきもそうだった。壇上の人は、しゃべりながら、きょろきょろとあちらこちらに視線を動かしている。そして、ときおり依子のほうを見るのである。そうすると、なんだなんだ、というように観客たちも舞台の下に突っ立っている若い娘を見た。千人に一斉に顔を向けられるとどぎまぎしてしまう。

もっと大人数がいるホールに行ったこともあった。依子は歌手の卵で、所属していた事務所の社長に言われて、コンサートのお手伝いに行ったこともある。だが、こういうステージを見るのは初めてだった。

壇上の人は勢いよくしゃべり続けている。演説ではない。依子が初めて聴く口調だった。何年か前に東京で日本初のオリンピックが開催された。依子もテレビで夢中になって応援した口である。特に華やかで素敵だったのが、世界中の人たちが、自分の国旗を押し立てながら行列する、入場式だった。なんと壇上の人は、その入場式の模様を立て板に水でしゃべっているのである。

流れるような文句を聴いていると、不思議なことに依子の頭の中には、あのときテレビで見た情景が鮮やかに蘇《よみがえ》ってきた。おそらく、千人からの観客も、同じような気持ちでいるのだろう。

壇上の人はよく動く。片時もじっとしていられないのだろうか、スタンドマイクの前を行ったり来たりしている。時にはあまりに興奮しすぎたのかよろめきそうになることもあり、依子はおろおろした。転んでしまったら、階段を駆け上がって助けに行かなければならないのだろうか、と思う。依子からすれば壇上の人は、おじいさんと言ってもいい年齢に見えた。

その人についてくるようにいきなり言われ、依子はこのなじみのない場所までやってきたのだった。日野自動車という会社の敷地内に体育館はあった。到着すると、もう体育館は満員になっていた。みんながその人が話すのを心待ちにしていたのだ。

それは依子が生まれて初めて聴く、講談という古典芸能だった。

依子はこの時点でまだ、本来の講談は座って、釈台と呼ばれるテーブルを前に演じられるものだということを知らない。

座ったら演じ終えるまではあまり動かず、まして舞台の上を駆けずりまわるなんてもっての外《ほか》だということも知らない。

何しろ凄《すさ》まじいパワーで、ただ圧倒されるばかりだった。

壇上の人は、名前を田辺一鶴《たなべいっかく》という。

孤高の天才として講談史にその名を刻んだ昭和の快男子である。

自分がその田辺一鶴と三十一年もの間、深い交わりを持った唯一の弟子となることも、もちろん依子はまだ知る由《よし》もない。

割れんばかりの拍手が起こり、依子は我に返る。

壇上で一鶴が深々と頭を下げ、起き直って観客に手を振っている。

舞台が終わったのだ。

観客は興奮した様子で拍手を送り続けている。中には立ち上がろうとし、周囲の席からたしなめられる者もあった。

どよどよというざわめきはまったく収まらない。その様子を見てとったのか、再び一鶴はマイクに口を寄せた。

何かをしゃべったが、ざわめきが大きくて依子は聞き取れなかった。だが、どっと笑い声が上がったところをみると、何かおもしろいことを話したようだ。

一鶴が何かを言うたびに反応がある。おもしろいように笑い、感心し、時には拍手も起きる。まるで壇上から見えない糸が伸びて、千人を操り人形にしているかのようだ。

「依子ちゃん、ちょっと来なさい」

その言葉が自分を呼ぶものだということに、すぐには気づけなかった。

また、千人の視線が自分の上に集まっているのがわかる。

壇上を見ると、一鶴がこっちを見ていた。マイクを持っていないほうの右手で依子を招いている。

え、え、私、上がるんですか。

ぎくしゃくと両足を動かしながら、階段を上がった。一歩ごとに激しい動悸《どうき》がして、心臓が口から飛び出しそうである。

壇上に立つと、さらに一鶴は手を激しく動かして、自分の横を指差した。

そばにこいということだ。

さっきまで賑《にぎ》やかだった体育館の中はいつの間にかしんと静まり返っていた。いったいどうなるのか、と千人が依子と一鶴を見守っているのだ。

横に立つと、かすかに汗の臭《にお》いがした。目の前に、ずい、とマイクを突き出される。

「みなさまに、何かしゃべりなさい」

反射的に一鶴の顔を見る。眼鏡の奥の、少し垂れ気味の目が真剣である。

しゃべりなさいって、いったい何をしゃべったらいいんですか、先生。

一鶴はそれ以上何も言ってくれるつもりはないようだ。

突き出されたマイクを受け取る。とにかく、初めての人に話しかけるのだから、最初は挨拶《あいさつ》をしなければいけない。まずは、自己紹介だ。

依子は名前を言って、はじめまして、と付け加える。

「私は、大阪から歌手になるために東京に来ました。スクールメイツってご存じですか。昨日はそれで、『東西かくし芸大会』という番組に出て踊ってきました。今日は一鶴先生に初めてご挨拶して、カバン持ちに連れてきていただいたんです」

どかん、と体の前面にぶつかってくるものがあった。

それが拍手の波だということがしばらく理解できなかった。

大勢の人に拍手されると、こんな風になるんだ。

その衝撃で、それ以上考えていたことが全部頭の外へ飛んでいってしまった。

何をしゃべったのかはまったくわからない。無我夢中で口を動かしているうちに、気が付いたら、一鶴がマイクを受け取って、よくやったというように依子の肩を叩《たた》いていた。

「ありがとうございます」

一鶴がマイクに怒鳴る。

「今日、弟子に入った依子です。みなさん、これからも依子をよろしくお願いします」

わあっ、と喚声が上がり、さっき以上の拍手が襲いかかってきた。

一鶴が深々とお辞儀をするのを見て、慌てて依子も頭を下げた。

あれ、私、いつの間に一鶴先生の弟子になったんだろう。

だが、それで弟子入りの儀式は済んでいた。

講談協会真打・桃川鶴女《ももかわつるじょ》、旧名田辺鶴女。師匠・田辺一鶴との泣き笑いの三十一年がこうして始まった。

鶴女の恩返し

目次

第四章　講談の求道者・田辺一鶴　149

第五章　師弟の道が分かれる　175

第一章

歌手になりたかった女の子

◎登場人物

阿部社長……………第一共栄プロダクション創業者。舟木一夫の元マネージャー

秋月ともみ…………作詞家。秋月音楽事務所設立者。五代目神田伯山の『大菩薩峠』のレコードを作成する

十人きょうだいの末っ子

「だいたい私は、講談師になろうと思って東京に出てきたんじゃないんです。歌手になりたかったんですよ。中学や高校のときはコーラス部に入っていましたし、それとは別に歌のレッスンも受けていました」

桃川鶴女、この二〇二三年で講談師としては満五十年を迎える。所属する講談協会の女流では宝井琴桜《たからいきんおう》に次いで芸歴が古く、男女合わせても上から数えて七番目というベテランになった。本名は菊地依子という。

一九五三年九月一日に土佐の高知で生まれ、大阪府池田市で育った。

歌手になりたかった彼女が、なぜ東京で講談師になったのか。

その答えを知るためにはまず、生い立ちを遡《さかのぼ》る必要がある。

依子は十人きょうだいの末っ子だった。当時としてはかなりの高齢で母親は依子を産んだのである。

「母は大阪大学のそばでパン屋さんをしていました」

大阪大学は府内にいくつかのキャンパスを有している。そのうちの一つが豊中市待兼山町にある豊中キャンパスだ。地名が示すとおり丘陵地帯にあり、たとえば阪急電鉄宝塚本線の石橋阪大前駅からだと、阪大坂と呼ばれる坂を上って学生は大学に辿《たど》り着くことになる。家は、そうした大学へ続く坂の途中にあった。住所は隣の池田市になる。

依子の母はアイデア豊かで、店にコピー機を置くなど、学生の要望をたくみに察知することが上手かった。最終的に四台まで増やしたが大阪大学がキャンパス内にコピー機を設置したと知ると店からは撤去した。そういう義理堅さもあった。店はもともとアパートだった建物で、二階部分の壁を抜いて店舗として使っていた。そうした改造も依子の母が立案したものだという。当時、パン工場からの配送は一日一回というのが普通だったが、それを三回にしてもらい、常に焼きたてのパンが売れるようにもした。考えるだけではなくて体も動かす人で、リヤカーを引いてキャンパスまで商品の配達にも行っていた。パンや飲料を載せ、各運動部の拠点や研究棟まで運ぶ。それを一日三回くりかえした。足腰が丈夫だったのだ。

「今考えると、すごく頭のいい人でした。学生さんにも慕われて、『おばあちゃんいる？』って言って店に来るんですよ。それを小学校のときから言われていたものだから私も、母親のことを祖母だと思い込んでいたんですよ。『長男か長女のこどもをおばあちゃんが育ててくれているんだ』って。それが自分にとっての歯止めになっていて、『自転車が欲しい』とか『何々が欲しい』みたいなわがままを言わない。それは、よく言えば親孝行ということになるのかな。自分はきちんとしたところの子で、きちんとしているんだということを見せないといけないと思ってましたから。おばあちゃんはせっかく育ててくれているのに、ひとさまに指をさされるようなことをしてはいけない、ということですね」

そういう風に育ったせいか、今でも母親を「おばあちゃん」と呼んでいる。

「中学校でレッスンを受けていたのは、友達のおじさんなんです。池田市でスクールをやっていて、私も通わせてもらっていました。後々、その方にお世話になるんですよね。高校も本当は宝塚音楽学校に入りたかったんです。歌や踊りとか芝居ばかりじゃなくて、礼儀作法も厳しく仕込まれるというし、すべてのことができるから。同じ高校の月謝を払うならそっちのほうがいいと思ったんだけど、やっぱりお金もすごくかかるんですね。おばあちゃんも、もう六十代になっていましたし、それはちょっと難しかったですね。高校でもコーラス部に入ったんですけど、土日は部活をしない。店番とかお手伝いをしなくちゃいけないから。運よくコーラス部は土日の部活がなかったんです。その顧問の先生が、オペラのプロの先生だったんですよ。体もすごく大きくて、『じゃあ、私もオペラみたいな声帯の使い方とか、教えてもらえるかな』って」

依子が通った私立宣真《せんしん》高等学校は、いわゆるお嬢様学校で、真言宗の道徳教育を重んじた。年に数回、高野山参拝に行き隅から隅まで清掃をするという校風である。

「私の実家から五、六軒先にお寺があるんです。ご住職の奥様が茶道や華道の先生で、中学時代から高校卒業まで私も教えていただきました。そのご住職の息子さんは、たまたま宣真高校の道徳の先生だったんです。他にも母は、大阪大学のホッケー部のキャプテンを家庭教師につけてくれていました。私は、見かけはすごく派手だけど、内面は古い考え方なのね。道徳を重んじ、真面目に正しく生きたいという。そういう精神を持っています」

高校二年生になると、進学か就職かを決めなければならなくなる。

「やっぱり東京に行って歌手になりたかったんだけど、家出はできないですからね。おばあちゃんにショックを与えちゃいけないから。進学して短大にでも行け、って言われていたんだけど、『就職しておばあちゃんを助けるよ』と言って、カゴメ株式会社に入りました」

カゴメの本社は愛知県名古屋市にある。依子が勤務したのは大阪の事業所で、淀川区宮原三丁目、問屋街の近くにあった。配属されたのは出荷に関する部署で、倉庫からの商品出し入れを管理していた。

「本当は受付に行きたかったんだけど、美人じゃなかったものだから（笑）。商品出荷の部署は、数学ができないと駄目なんですよ。電話の応対をして、大手のスーパーやデパートからの注文を受けて在庫の確認をしたりね。毎日、商品の数を合わせてからじゃないと帰れない。今思えば、芸人なんて稼げないんだから『あといくらで一ヶ月暮らせるか』なんていう計算もそのときに勉強したかと思いますね。そういう風に今に至る自分固めをしていたんです」

「結婚して幸せな家庭を持ったほうがいい」と言われても

カゴメは年内いっぱいで辞めた。池田市のおじさん、ことレッスンの先生が東京での受け入れ先を探してくれていたのだ。

橋幸夫、西郷輝彦と共に御三家と呼ばれて一世を風靡《ふうび》した舟木一夫は、一九六三年、卒業したばかりの高校の学生服を着て「高校三年生」を歌い、デビューした。当時所属していたのはホリプロダクションで、阿部というマネージャーが伴走役を務めた。阿部は当時ホリプロ社員で、上京して何もわからない舟木と同居し、まさに寝食を共にして育て上げたのである。舟木が独立した際、所属事務所として第一共栄プロダクションを設立して社長に就任したのも、この阿部だった。

依子は、阿部社長邸に住まわせてもらうことになったのである。一九七一年のことであった。

「たぶん、おじさんが歌の関係で阿部社長とお知り合いだったんでしょうね。社長のお邸は世田谷区の成城学園にありました。高橋圭三さんの御近所です。とても静かな住宅街だったですね。社長の奥様は当時二十八歳、大工さんのお嬢さんで、三人のお子さんを育てていらっしゃいました。私はお手伝い兼新人の修業。お稽古《けいこ》をさせてもらっているんですから、家のお手伝いは全部やらなくちゃいけない。掃除から洗濯から買い物から、社長の接待から全部ね。奥様は厳しい方で、たとえば洗濯機があるんだけど、それで脱水まで全部やるわけじゃない。洗濯したものを全部お風呂場に出して、水でゆすがなくちゃいけないんです。それで棹《さお》におしめを五十枚通して干す、と。私の実家は一軒家じゃなかったから、そんな立派な棹のある物干し台なんてなかったんですよ。自分の家では体験しなかったことばかりだから、今から思えば女性として大切なことをそこで教わったんでしょうね」

会社勤務の経験はあったものの高校生に毛が生えたようなものだった依子は、阿部社長の家で社会人として生きる厳しさを教えられた。

「奥様はきちっとしておられましたよ。三畳のお部屋をいただいていたんですけど、『お布団は自分の物だから、自分で買いなさい。暖房も自分で買いなさい。洗濯石鹸《せっけん》も自分で買いなさい』って。それはさすがに『あれ、私、お手伝いなのに全部買うの』って思いましたけど（笑）。ああ、お金が大変だ、という感じでしたね」

特に給料が払われるわけではなく、生活費はカゴメで稼いだ貯金で賄《まかな》っていた。それが見る見るうちに減っていく。

「代々木上原のほうに歌の伊藤先生という方がいらっしゃったんですけど、そこに週一回だけレッスンに行かせてもらっていたんです。ある日、出かけようとしたら、お風呂場のほうからガリガリ、ガリガリ音がするんですよ。あれ、私毎日お風呂は綺麗に洗っているのに、洗い方が悪かったのかしら、って思うから覗《のぞ》いたら、奥様が自分でお風呂場のタイルを磨いていらっしゃる。『大丈夫、大丈夫。行ってらっしゃい。いいのよ、私が好きでやってるだけなんだから』って明るく返してくださったから出掛けたんですけど。それも一つの修業なの。買い物に行きますでしょ。ブリ、アジ、カジキマグロ、と買ったら、ブリは社長、アジは奥様とこどもたち、カジキマグロが私のおかずなんです。ランクがあるんですよ。ハンバーグを作ったら大きさも違う。私の分なんて、これっぱかしで小さくてね。まるで明治大正の奉公人ですよ（笑）。そのときは申し訳ないけど、『奥様ひどいわ』とか思っちゃいましたよね、心の中で」

私はただのお手伝いなんだ、歌手の卵じゃないんだ、という気持ちが日ごとに依子の中で膨らんでいった。私じゃ駄目なのかな、と弱気にもなる。若さは自信の根拠になるが、何の見返りも貰《もら》えない日々の中、それは少しずつ削られていた。

「あっという間にもう半年が過ぎて。今日こそ、勇気を出して聞いてみよう、と思ったんです。深夜に帰ってきた社長に『私は歌手として望みはないんでしょうか。もう無理なんでしょうか』って伺ったら『依子ちゃんは結婚をして幸せな家庭を持ったほうがいい』って言われたんです。あなたはもう無理ですよ、ということの遠回しな宣告ですよね。それまでお手伝いをして見てきたんですけど、たとえば新人の女の子は、社長に『目が一重だね』とか言われると、次に来たときにはもう二重まぶたになっている。そういう風に整形をしたり、それなりのお金をかけたりしてもいい、という子だけが残っていたんです。私は真面目な性格だというのが社長もわかっていたから、整形をしろとも、お金をかけろともおっしゃらなかったんでしょうね。ただ、『結婚して幸せな家庭を持つほうがいいよ』と。今からすれば、とても優しい社長だったなと思います。『そうですか。じゃあ私は、これからの将来を考えてみます。この家を出て行くことにいたします』とお答えしました。社長からのお返事次第ではそう言おうって、肚《はら》は決めていたのでね」

荷物をまとめ、阿部家を出たときに、依子には忘れられない出来事があった。

「十字路になっている道のところにトラックが来て、それに荷物を積んでもらって乗っていったんだけど、社長は三人のこどもたちを連れて、見えなくなるまでずっと手を振ってくれていたんです。とても嬉《うれ》しかった。でも、奥様は外に出ていらっしゃらなかったんです。申し訳ないけど、奥様に嫌われていたんだ、と思ってしまった」

すべてのことをプラスに、プラスに

成城の阿部邸を出た依子は、渋谷区の代々木上原で一人暮らしを始める。近くに高峰秀子と松山善三監督夫妻の邸があり、憧れの視線で日々見つめていた。そのためか、依然として歌手志望ではあるが役者という職業もいいものだなと思うようになっていた。仕事もみつかった。新宿駅西口にあった洋品店のみどりやで、売り子として働くようになった。販売の才能があった依子は重用されるようになる。

「あの当時、レジには名前が書いてあり、売り子ごとの売上金額を記録していた。私はいつも売上一位だったですね。それで社長は小田急の中にある高級レストランで毎月食事に連れて行ってくださいました。そこにはステージがあって、ピンキーとキラーズがよく来て歌っていました。みどりやの社長は女性だったんですけど、私が売上一位だから、給料以外にもご祝儀をくれて、とてもかわいがってくださったんです」

やがて依子は渡辺プロダクションに通い始める。それには保証人が必要だが、親代わりであった阿部社長が引き受けてくれた。正式には有限会社東京音楽学院所属ということになる。そこからタレントの卵として芸能活動をするようになる。いわゆるスクールメイツだ。依子の芸能生活は、このスクールメイツから始まった。

「初めて渡辺プロに行ったとき、お見かけした芸能人が山口いづみさんだったんです。『水戸黄門』なんかにも出られている綺麗な方だから、ドキドキしちゃった（笑）。レッスン場所はいつも建物の屋上で、天地真理、布施明、森進一、キャンディーズ、そんな方たちもそこでがんばったんです」

みどりやで働きながら、その渡辺プロに通い続けた。歌手になるための道がようやく見つかり、順風満帆に生活も流れ始めていた。しかし、その矢先に事件があり、みどりやを辞めることになる。

「レジのお金がなくなって、そのときいたアルバイトでは私がいちばん若いものだから周囲の人に疑われてしまったんです。私は後ろ暗いことは何もしていないし、社長にもかわいがられていたから何事もなく終わったんですけど、いったん疑われたとなると、もうそこにはいられない。社長には男と女のお子さんがいて、その子たちもずいぶん私はかわいがっていて愛着はあったんですけど、疑われるということ自体がもう許せないから仕方ないんです。社長に『今までお世話になりました。ありがとうございます。良い勉強をたくさんさせていただきました』とお礼を言いました」

一見無関係に思える洋品店の仕事だが、芸人としての現在にもやはりつながっている。

「たとえば接客で、自分がいいと思ってもお客さんに『あなたにはこういうのが合いますよ』って押し付けてはいけない。サラッと気持ちを誘導する、というようなことも芸人にとっては大事ですから、すごく学ばせてもらいました。だから、疑われるという嫌なことはあったけど、頭をぱっと切り替えて、自分の行く道を行こうと思ったんです。それでお礼を言ったときに初めて社長が、成城の奥様が毎月『よりちゃんは元気ですか』という電話をかけてくださっていた、と教えてくださったんです。私は奥様のことを恨《うら》んでいたのに、そうやって気にかけてくださっていた。そのとき初めて、なんでも表でする人もいれば、陰でそっと見守る人もいるんだということを知りましたね。それ以来私は、人を一回では疑わないことにしています。何かあってもそれはたまたまなのかもしれないし、五回までは決めつけない。ひたすらその人を信じて、絶対恨んだり嫌ったりしてはいけない。そういうことを教えられましたね。すべてのことをプラスに、プラスに。だから一鶴にも『鶴女はいつもいいほうに解釈してくれるから助かるよ』なんて言ってもらいましたね」

阿部社長とは後に再会を果たしている。講談師・田辺鶴女として真打昇進を果たした際、ホテルニューオータニで開催したパーティーに駆けつけてくれたのだ。気おくれして招待状を出していなかったのを、出すように勧めたのは師の一鶴であったという。

結果的にみどりやで働いた期間は七、八ヶ月だった。その後依子は、ハンドバッグ販売のタカゲンに移る。現在も銀座一丁目に店舗があるが、依子が働いていた当時は上階で画廊を経営していたり、甘味屋も持っていたり、多角経営であったそうだ。そこでの仕事は数年間にわたって続いた。一九七四年二月二十八日号の『アサヒ芸能』には、「高座のない日は銀座のハンドバッグ屋でアルバイト」と、勤務中の姿が白黒グラビアページで取り上げられている。この号はルバング島から帰還した元日本兵の小野田寛郎特集号で、他の誌面はその話題一色なのだが、巻末のコーナーだけは別だった。

そうやって芸能人の卵として頑張っているうちに時間は過ぎ、東京に出て来て間もなく二年が経とうとしていた。依子は二十歳で成人式を迎える。これが節目の年になった。

「東京音楽学院でまとめてレッスンを受けられるのは十九歳までなんです。中学・高校が中心だから、二十歳になると〈おばさん〉なんですよ。私は年が一番上だから下の子に『おばちゃん』って呼ばれちゃった（笑）。それまでは養成所でもグループでいられたんです。キャンディーズだって、最初はグループで新橋のビル屋上で踊ったりしてたんですよ。でも二十歳になったら個人でレッスンを受けなくてはならなくて、一人でいろいろな場所に派遣されるんです」

依子が最初に行ったのは、当時銀座で五本の指に入る、アスコットというナイトクラブだった。

「アスコットは生演奏に生歌で、フロアを周るのね。アスコットでは演歌じゃなくて、ジャズとかカンツォーネとかが主でした。私はちあきなおみさんの『喝采《かっさい》』が好きだったから、よくそれを歌いました。他にもフラダンスのショーがあったり、いろいろですよ。私もフラの勉強をして、あちこちで踊ったこともあるんですけど、おばあちゃんから『若い女の子が腰振りをしちゃいけない』って叱《しか》られて辞めました。八王子のほうにある、あのサマーランドで踊ったこともあるんですよ」

このころの依子は、自分が歌手として売り出す道を探して必死だった。新人歌手オーディション番組として人気があった「スター誕生」にも出たことがある。一九七一年に日本テレビ系で放送が始まった「スター誕生」は、初代司会者を萩本欽一が務め、出場者が優勝するとプロデビューが約束されるという仕組みが注目されて、十年以上続く長寿番組になった。番組が成功したきっかけは最初の年に森昌子をデビューさせたことで、以来ここから巣立った歌手・タレントは数知れない。

「あの番組はすぐ舞台に上がれるわけじゃなくて、その前に音合わせをしなくちゃいけないのね。そのときアコーディオンを弾いてくださった方が、リハーサルで決めたキーを本番で変えてきたものだから、うまく歌えなかった。悔しいものだから、欽ちゃんとか作曲家の先生、五人の審査員がいる席に訴えに行きましたよ。『私はどうして落ちたんですか』って。選曲もよくなかったかもしれないね。北原ミレイの『棄《す》てるものがあるうちはいい』って、ちょっと大人の歌だったのね。やっぱりああいうところではキャピキャピしたアイドル系の歌のほうが喜ばれますよ（笑）。場所とか主催者とか、いろいろ状況を見てネタを決めなくちゃいけないな、ということはそこで学んだと思いますね」

主な仕事場の一つになったアスコットには専属歌手がおらず、日替わりで派遣されてくる方式だった。そこに派遣された初日に、依子は島袋日登美という女性と知り合っている。同じように他の事務所から派遣されてきた、歌手の卵だった。この島袋は作詞家の秋月ともみの教えを受けており、彼女の縁で依子は秋月音楽事務所に遊びに行く。そのことが、依子の運命を決定づけた。

講談界との運命的な出会い

秋月ともみは、五代目神田伯山《かんだはくざん》の「大菩薩峠」のレコードを制作していたのである。

二〇二三年現在、神田伯山は日本講談協会の神田松鯉《しょうり》門下から松之丞《まつのじょう》の名で売り出した六代目が襲名している。神田派の宗家となる名跡で、「清水次郎長伝」を十八番《おはこ》とした三代目が大正年間に絶大な人気を誇って名前を大きくした。三代目は、高座に上がると向う八丁から客を集めて周囲の寄席《よせ》をがらがらにしてしまうことから「八丁荒らし」の異名を取った人である。

五代目は三代目の弟子で、一九五七年に伯山を襲名した。得意ネタは多く、中里介山の大河小説を原作にした「大菩薩峠」もその一つである。一九七六年に亡くなっているが、最晩年に「大菩薩峠」のレコードを発売している。当時、秋月音楽事務所で制作されていたのはそれだろう。

「『大菩薩峠』を作っていた男性が後で一龍斎貞水《いちりゅうさいていすい》先生の弟子になって名前を貰うんですよ。なんだけど、そのときは別に講談師でもなんでもなくて、本名の杉山って言っていたの。それで秋月先生は『今はポルノ講談が流行している。伝統芸能の講談だって新しいことをやっているんだから、これからの時代は歌だけじゃだめだ』とおっしゃるんですね。『歌手だって、踊りもできて、芝居もできて、いろいろなものができないとだめだ』って」

ポルノ講談という言葉に馴染《なじ》みのない人は多いと思う。講談が新しい可能性を目指して模索する中に生まれてきたもので、田辺一鶴の弟子で田辺夕鶴《ゆうづる》、後に二代目神田山陽《さんよう》門下になった天《てん》の夕づるが演じて話題になった。性愛に関する内容を語るだけではなく、高座に布団を引き、長襦袢《ながじゅばん》などの薄物で現れて肌を露出するなどの演出をした。

後出の本牧亭《ほんもくてい》席亭・石井英子は『本牧亭の灯は消えず　席亭・石井英子一代記』（一九九一年。現・中公文庫）の中で「長襦袢になるまでやるんですが、襦袢が不粋で汚ならしくて、絵にならない。〝嫌だな、汚いな〟って感じしか受けない。照明装置があるわけじゃないから、舞台面《づら》が汚くなっちゃうんです」と抗議したことを書いている。講談協会の中でも批判の声は多く、これが紛争の一因になってしまった。

ポルノ講談は夕づる一人の思いつきではなく、講談師ではないプロデューサーの仕掛けがあったこともわかっている。世間の目を惹《ひ》きつけたのは確かで、浪曲界にも波及してポルノ浪曲・ヤング浪曲といった派生形を生み出した。そうした意味では実験としての成果はあったと言える。もし、たとえば日劇ミュージックホールのような豪華な舞台が伴っていれば、世間の反応も違うものになっていたのではないだろうか。

話を戻そう。秋月の事務所に依子はいる。

「『どうだ。流行のポルノ講談、ちょっとやってみるか?』って冗談半分におっしゃるんですよ。私の歌を聴いて『おっ。君、なかなか声がいいじゃないか』っておだててくださるし。そのうちに『勉強の機会として講談もいいだろう。田辺一鶴に会わせようか』ということになったんです。私はそれまで講談を聴いたことはなかったし、もちろん興味もありませんでした。ただ、偉い秋月先生という方がおっしゃるんだから、という感じでお話を聞いていたのね。それで先生は『よし、今ニッポン放送に田辺一鶴が出ているから、会わせよう』って。それでいきなり放送局まで連れだって出かけていったんです」

関西人の依子には、落語や講談といった寄席芸能に対する親近感があった。しかしそれだけで、この時点では自分がそれをやるという意思は皆無である。

突然の訪問だったが、放送を終えた田辺一鶴は秋月と依子を快く出迎え、喫茶店に入った。偉い講談師の先生にご挨拶をしよう。軽い気持ちでいた依子に、一鶴は意外すぎることを言った。この子を連れて営業に行くというのだ。

「この子を今日一日、貸してもらいたいんだけど」

一鶴は秋月にそう言ったのである。営業先は東京都日野市にある日野自動車だった。一鶴についていった依子は、序章に書いたようにいきなり舞台に上げられることになる。

その後の依子について書く前に、まずはここでいきなり登場した田辺一鶴がどんな人だったのかを見ておこう。

第二章

異才・田辺一鶴と講談界の激動

◎登場人物

十二代目田辺南鶴……雑誌『講談研究』創刊者。一九三八年南鶴襲名。のちに一鶴の師匠となる

田邊孝治……講談研究家。『講談研究』編集人

石井英子……本牧亭席亭。鈴木孝一郎三女

清水基嘉……本牧亭社長。孝子の夫

石井孝子……英子の長女。英子のあと本牧亭の席亭を務める

二代目神田山陽……講談協会会長。一九五五年山陽襲名

天の夕づる……女流講釈師。「ポルノ講談」で話題となる。一鶴の弟子だったが破門、のち山陽門下へ

トレードマークは二本のひげ

鼻の下に蓄えた、巨大な二本のひげが一鶴のトレードマークだった。

眼鏡をかけたまま高座に上る講談師も当時は珍しかった。オーバーアクションで口調も賑やか、全身から活力があふれ出ている。いるだけで陽気な気分にさせてくれる、他にない存在感の講談師。それが田辺一鶴だ。

一九六〇年代から七〇年代のテレビ全盛期には放送に出まくっていたので、五十代以上で田辺一鶴の名を知らない人はほぼいないのではないだろうか。講談ファンではなくても、その名前だけは知っているというタレント性を持っていた。

それより若い世代、特に講談に関心のない向きだと、さすがに知名度は落ちるだろう。ただ、故・水木しげる絡みで田辺一鶴の名を聞いたことがある人はいるかもしれない。

一九二二（大正一一）年生まれの水木は、紙芝居の絵描きを経て貸本マンガ家としてデビューした。最初に刊行された貸本マンガは『ロケットマン』（兎月書房）という作品で、一九五八年に出ている。

このころ水木は江東区亀戸の、小寺国松という人の経営する下宿屋に住んでいた。同じ下宿の住人で、臨時アシスタントとして水木を手伝ってくれたのが、田辺一鶴だったのである。『ねぼけ人生』（一九八二年。現・ちくま文庫）に水木はこう書いた。

――実は、その頃の僕には、貸本マンガ界の新人でありながら、アシスタントがいた。その上、このアシスタントは、僕が交通費のない時には、十円貸してくれた（水道橋駅までまだ十円だった）。このアシスタントは、僕と同じ下宿屋に住んでいた田辺一鶴さんである。彼は、後にポルノ講談で有名になるが、当時は、まだ売れない芸人で、この下宿にごろごろしていた。僕の部屋も寒かったが、彼の部屋はもっと寒いらしく、僕の部屋へ遊びにきたりしているうちに、マンガの手伝いをするようになった。寒さのために垂れ落ちる鼻水を原稿用紙につけないようにしながら、ベタ（黒い部分）をぬってもらって、二時間百円払っていた。

水木のエッセイマンガの中には同じことが描かれたものがある。そこでの一鶴は売れたころと同じ長い八の字ヒゲを生やした姿だ。もちろんマンガ的表現というもので、このときまだヒゲはない。

『講談研究』は、十二代目田辺南鶴《なんかく》（故人）が創刊した講談界の専門月刊誌である。全部で四ページ程度、タブロイド紙のような形状をしていた。これを南鶴は情熱的に出し続けた。南鶴が一九六八年六月二十三日に亡くなったあとは遺志を受け継いで妻・柴田寿美が発行人、講談研究家の田邊孝治《たなべこうじ》が編集人となった。さらに一九九七年二月二十七日に柴田が没すると田邊が発行人となって二〇〇六年七月号まで刊行を継続、講談界を側面から支え続けた。

その名物企画に「私の履歴書」があった。講談師が交替で登場して自らの来し方を語るもので、大名跡から新人まで、さまざまな芸人が登場した。初期の同誌は一九六五年に私家版として書籍化されている。題名はその通り『講談研究』であ

入門当時の一鶴（田辺南鶴編著『講談研究』1965年）

る。

同書を見ると、田辺一鶴の「私の履歴書」は一九五七年四月に掲載されたことがわかる。下宿屋で水木を手伝ったのはその一年後ぐらいだろうか。当然だが「私の履歴書」掲載の写真にヒゲはなく、また眼鏡もかけていない。だが、やや垂れ気味の目と、逆八の字にゆるく吊《つ》り上がった眉《まゆ》は多くの人が知る一鶴のものだ。

講談の伝道師・田辺南鶴への弟子入り

田辺一鶴、一九二九年二月九日、東京都滝野川区（現・北区）西ヶ原の生まれである。本名・佐久間秀雄。

「私の履歴書」に一鶴が寄稿した文章を引用しておこう。

——昭和四年二月九日、北区西ヶ原に生る。

東京の小学校吃音《きつおん》生徒の中で、難症の方で第一位でした。僕は、あらゆる矯正努力をつづけてきましたがなおらず、関東商業（現・私立関東第一高校）在学中、世界の学界で絶対不治と診断された難阻性吃音と診断されました。

そのうち南鶴先生の講談学校の記事を見、そうだ、話術の玄妙を悟るようになれぱと考え、現師匠南鶴に相談、通っているうち、この道が僕を活かすか殺すか、生涯を賭けようと決心、一鶴の名をいただき内弟子になったのが、(昭和)二十九(一九五四)年の四月七日です。

考えますれば難阻性吃音の僕が、話術の最高峰、講談界に身を投じましたのは不思議な運命です。それだけにこんなやり甲斐のある職業はないと思っております。

社会事業の一つというお心から、僕を弟子にとって下さった師匠南鶴のお蔭であると、心から感謝を致しております。

早く一人前になり師恩にむくいたい、又吃音はこうしてなおるということを、世の中へ発表したいと考えております。大きなハンデのある僕ですから人の三倍五倍の努力が必要と覚悟して、一生懸命勉強をして行くつもりです。長い目で御声援御指導をたまわらんことをお願い申し上げます。


文中にあるように、一鶴は講談師になると、吃音者が有志で結成した会話教室「言友会」発会に協力するなど、自分と同じ境遇の人のために奔走《ほんそう》した。後年もたびたび吃音者のための集まりに出演するなど、労力を惜しまなかった。

この文章には、一鶴の師であった南鶴が添え書きをしている。それによれば内弟子、つまり住み込みの弟子になりたいと言ってきた佐久間秀雄を、熱意に動かされて南鶴は受け入れた。一年間経つうちに、秀雄はどうにか普通の人なみにしゃべるようになった。そこで他に職を探してはどうかと諭したところ、言うことを聞かず、しまいには泣きだした。私は死んでもやめません、お宅に置いていただけなければ生活のことは自分で致します、門人として一鶴の芸名だけはこのままお許しください、と頑張り、言ったとおりにアルバイトを探して自活、ついには結婚して一児の父にもなったというのである。

当時前座の身分の講談師は、他に収入源を持っていなければ食べていけなかったということか。「高座に上るとなると夢中になって半月でもひと月でも仕事をおっぽり出してしまうので、妻女の要請もあり暫く休んでもらっている」と南鶴は書いている。

こと講談になると何もかも忘れて熱中してしまうという一鶴の性格は、この頃からのものだったようだ。南鶴はこうも書く。

――［……］ある早朝、警察から突然私の所に電話が来た。びっくりしてきいてみると、一鶴君が、朝早く私をたずねるつもりでまだ薄暗いうちから近所の公園で、ただ一人大声をあげて講談の稽古をしていて不審尋問されたものだった。

田辺南鶴は十二代続いた講談界の大名跡だ。初代は十八世紀後半、寛政から天保年間にかけて活躍したとみられる。一鶴の師匠となった南鶴はその十二代目であり、一八九五（明治二八）年、滋賀県長浜町（現・長浜市）生まれ、初めは三代目柳亭燕路《りゅうていえんじ》に入門して落語家になっていたが、二十三歳で講談師に転じた。南鶴を襲名したのは一九三八年、四十四歳のことである。

講談の伝道師というべき南鶴は、三つの重要な事業を行って、大きくこの業界に貢献した。その第一は講談研究会の運営を務めたことで、一九五一年に発足したこの会は、若手・中堅にとっての実力研鑽《けんさん》の場として長く続けられた。この会の収益の一部は機関誌『講談研究』発行のために用いられた。同誌の存在意義は極めて大きい。これが貢献の第二である。

三つめは一般人を対象とした講談教室を開設したことだ。まず、一九五三年四月三十日に本牧亭で「講談学校」が開かれた。南鶴と五代目一龍斎貞丈《ていじょう》が肝煎《きもい》り役となり、毎月開催されたのである。後の田辺一鶴こと佐久間秀雄は、これに参加して講談の魅力にとりつかれ、プロを目指すことになった。

「講談学校」は後に「講談教室」と形を変えて一九五九年七月十五日から再開されている。『講談研究』の案内を見ると開催は月三回、会場はやはり本牧亭である。「開講のお知らせ」を見ると内容として「五分講談の実習」「宴会など余興用の話」「講演座談に於ける講談の活用」「一般話術と講談の研究」とあるので、講談を読むことだけではなく、話術の稽古をしたい人にも門戸を開いていたことがわかる。この教室は講師が交替しながら続けられ、プロ講談師を育てる培養地にもなった。

吃音との闘いは創意工夫

田辺一鶴のプロとしての初高座は一九五四年、本牧亭の昼席である。おそらくは四月の入門からそれほど期間を置かずに上がっていると思われる。新人の講談師なら誰でも読む「三方ヶ原軍記《みかたがはらぐんき》」の修羅場を読んだが、吃音のために途中で止まり、最後まで続けられなかったという。人前での高座は初めてではなく、前年の一九五三年には講談学校生徒・佐久間秀雄として「鴨政談」を読んでいる。この出来はどうだったろうか。

雑誌『新世』一九七七年四月号（一般社団法人倫理研究所）の「三人随想」というページに、一鶴が自身の生い立ちと講談学校について語った文章が掲載されている。ここからはまた違った情景が見えてくる。

戦争と家庭の事情があって親兄弟とも別れ、ほぼ戦災孤児同様の状態で十六歳の一鶴は戦後を迎えた。生きるためにガムシャラに働いた。ゴム靴屋、自転車屋、ラーメン屋、新聞屋、文房具店、雑貨屋と職を転々とする。各地の矯正所《きょうせい》を訪ねて吃音矯正を図ったが芳しくはなかった。仲間たちは話すことを諦《あきら》めて、しゃべる必要のない仕事へと転じていく。それでも一鶴は執念を燃やし、絶対に吃音を直して同病の者にも道を開いてやるんだ、と意気込んだ。さまざまな手段を試す中には、野球審判の資格を取るというのもあった。

そんな中、一九五三年に二十四歳で出会ったのが講談学校だったのである。講談は序破急三段のリズムがあるために口にしやすく、しかも話し言葉との距離のないものもある。これこそが求めている道だと夢中になっているうちに、プロとなり、あっという間に十年が過ぎた。

だが、一鶴は講談師としては天井に突き当たっていた。後輩たちにも次々に追い抜かれていく。実は寄席の客からは苦情が出ていた。話の途中で吃音が出て言葉が出てこなくなる。それを見るといらいらするので、あいつは高座に上げないでもらいたいというのだ。ある日南鶴に呼ばれた一鶴は、芸名を返上して新たな道に進むように宣告された。必死に抵抗し、なんとか一鶴の名を返すことだけは免れた。だが、定席への出演は止められ、師匠南鶴の独演会にのみ出ることを許された。南鶴が妻女の要請もあって云々《うんぬん》と書いているのは、このへんのことを綺麗にまとめたものだろう。

進退窮まった一鶴は、ここで発想の転換をする。古典から新作に転じたのである。『大衆芸能資料集成第五巻 寄席芸2 講談』（三一書房）の「月報8」に寄稿した「私の新作講談」という文章で、一鶴は方向転換の戦略について、こう書いている。

――そこで講談を高所から見直して独自のものを開発しようと頭をしぼってみた。まず発想を逆にしてみたら……と考えた。その頃、（一龍斎）貞鳳《ていほう》先輩が古典を新しいセンスで演じ成功していたので、新しい話を古いセンスで演じよう。そして一度は既成概念をぶちこわしてみよう。考えられる限りのアイデアを実行した。勿論多くの失敗を重ねた。それでも自分に酔って次々と挑み、喋りまくった。［……］数多く発表した新作の急所だけは修羅場形式でいこう。いまでもこの考えは新作づくりの中に息づいている。［……］

一鶴が講談界の中でも異質な人物であることは早くから明らかになっていた。その熱意や努力する姿だけは誰にも否定できない。その一方で、古典の様式、水準から見れば許せない部分も多かった。吃音のハンディキャップを言い立てる者は残酷だが、耳障《ざわ》りだという客としての意見をつきつけられては、演者は反論できない。だが、古典から離れて新作に転じてからは、もっと悪罵《あくば》に近い言葉をつきつけられるようになった。いわく「邪道」、いわく「ゲテモノ」、とてもここに書くわけにはいかないひどい言葉で罵《ののし》られたこともある。そうした逆風がさらに一鶴を奮い立たせた。自分の芸がわからない人間の、さらに上を行く普遍性をつかもうと考え、講談を解体しては再構築して自身の台本を作り上げていった。

「タイムトンネル二十八年」は終戦を知らずにずっとグアム島で一人だけの戦争を続け、二十八年ぶりに帰国した横井庄一を題材にした作品だ。この中で一鶴は、悲惨な戦争の場面を明るく陽気な修羅場調で読み、こどもの戦争ごっこという感覚で演じた。そのナンセンスさが、明暗の落差を際立たせるのだ。

転機となった「東京オリンピック」

ここから一鶴は無数の新作を作り上げていく。出世作となったのが、「東京オリンピック」である。一九六四年に開催された東京オリンピックの入場式には全九十四ヶ国が参加し、華々しく中継されて視聴者を熱狂させた。一鶴は次々に入場してくる各国の選手団を戦国武士の軍団に見立てて、列挙してみせた。息もつかずに畳み込む名調子は、学生時代に長距離走をやって鍛えた肺活量の賜物《たまもの》だ。ただ読むだけではなく、ファンファーレを鳴らし、オリンピックマーチを背負い、たもとから参加国の旗まで出してみせた。そうすることで入場式中継の興奮を客席に再現して見せたのである。依子が日野自動車に付いていったときに演じたのも「東京オリンピック」だろう。

この口演を聴いたＮＨＫのプロデューサーがいたく感心し、一鶴を放送に起用したことが飛躍のきっかけとなった。プロ野球中継を講談化し、宰相・田中角栄の一代記を読み、ありとあらゆるものを講談の題材とする一鶴の世界は、価値観の旧《ふる》い定席の常連には合わ

壇上で日の丸を掲げる一鶴

なくても、テレビやラジオを通じて娯楽を求める一般層には大受けし、特に若い世代にファンが増えていく。

「東京オリンピック」で国旗を出したような、高座での工夫に努力は惜しまなかった。「月面着陸」というネタでは、ロケットが尾部から逆噴射をして着陸するさまをリアルに描こうと、釈台の上にバルサンを置き、煙を噴出させた。たしかに煙は出たのだが、周囲は真っ白になり、客は外に出てしまった。一所懸命講談を読み続ける一鶴をよそに、ついには火災報知器のベルまで鳴りだした。ついに我慢できなくなり、一鶴も外に出る。会場内には誰もいなくなり、外でみんなとせきこみながら大笑いしたという。そうした失敗を何度しても、懲りずに一鶴は挑戦を繰り返したのである。

一九六六年十月、一鶴はついに二ツ目昇進を果たした。『講談研究』一九六七年一月号に南鶴は一鶴について「特異な読口と奇抜な創作力にすぐれておりますので、講談場以外にもすばらしい人気者になりました」と書いている。一度は廃業を申し渡さなければならなかった弟子が成功を摑《つか》み取ったことが嬉しかったのだろう。

一九六八年、ニッポン放送の「万博ジョッキー」で一鶴は初めてレギュラーを勝ち取る。次いで一九七〇年一月から始まったNHKテレビの音楽番組「ステージ101」では歌謡コーナーの司会としてレギュラー出演し、知名度を全国区のものとした。ここからは各ジャンルから引く手数多《あまた》のお呼びがかかり、一気に売れっ子タレントになっていった。

こうした状況を、講談界はどう見ていたのだろうか。『講談研究』一九七一年八月号に「近事三題」として田邊孝治が書いた文章を引用する。

——田辺一鶴が売れてゐるらしい。芸人が売れるのは結構だし、講談協会々員が売れるのは喜ばしいことだ。が一鶴の場合些《いささ》か心配になるといふのは、落語と講談の区別もわからないやうな人達にうけてゐて、本格の講談を多少でも聞いたことのある人達には「あれが講談でせうか」と眉をひそめさせてゐる事実があるからである。すなはち、本業の講談ではなくタレントとして売れてゐるのである。

チャリ（笑わせ）講談も結構である。大島伯鶴も先代山陽も、捧腹絶倒せしむる芸の持ち主であつた。しかしそれは本格の基礎修業の上に立つたものであつた。去る三月、一鶴は古典も出来るとの意気込みで、本牧亭で「湖水渡」を読み始めたが、途中でつまつて滅茶苦茶になつてしまつた。九十歳の服部伸が「道中づけ」を途中で忘れたといふのとは、わけが違ふのである。

一鶴さんよ、無知なる一般大衆に、本当の講談といふものを誤り伝へることのないやうにお願ひしますよ。

ずいぶん辛辣《しんらつ》だが、一応「湖水渡」の失敗をたしなめるという意図もあるわけで、否定できない面がある。

田邊孝治は講談師でなく、研究家である。南鶴の遺志を継いで『講談研究』の刊行を続けている田邊には、講談界の世論を背負っているという気概が強い。

この文章が掲載された時点で一鶴は入門後十七年が経過している。身分はまだ二ツ目である。これは講談師の平均からしても、かなり遅いはずだ。たとえば、現在日本講談協会の頂点に立つ三代目神田松鯉は三年で前座から二ツ目に上がり、そこから四年で昇進、合計七年で真打になっている。これはスピード出世だとしても、十年から十二年程度で昇進するのが普通だった。一九六八年に南鶴が亡くなり、後ろ楯を失《な》くした一鶴の立場は弱い。講談協会の中に一鶴を真打として不適格だと考えている者は多かった。

この前年の『講談研究』一九七〇年十一月号に田邊は「思ひつくまま」という文章の中で、一鶴の真打昇進が時期尚早として見送られたらしい、と書いている。「仄聞《そくぶん》するに」と書いているが、田邊が公にしているからには講談協会の何者かに聞いたはずである。「わたくしは彼の奇才を尊重し期待もしてゐるが」「その芸はどうしても真打の講談の芸とは言へない」からやむをえないという論調だ。この発言があって、翌年の「タレントとして売れてゐる」という評価が出てくるわけである。

一鶴を真打として認めるか否か。当時の論調はおそらく後者が主だったのではないかと思われる。中には賛成派もいて、少し後になるが『講談研究』一九七三年三月号に柳川重信という寄稿者が「一鶴さんについて」という文章を寄稿し、真打昇進を肯定している。

理由は箇条書きで「芸歴が長い。十年も続ければ一人前と見るべきで、あとは当人の努力次第でいいのではないか」「落語界では一鶴よりも劣る人が真打昇進を果たしている」「一鶴には一般層の人気がある。講談は大衆演芸であり、大事なことである」「一鶴のように、常に新しいものを持ち込む創意工夫がないと、大衆芸能は発展していかない」という四点に集約できる。先に紹介した「真打の芸ではない」という意見と「大衆芸能として本質的な活動をしている」という論とは、まったく妥協点がなくて対立していた。

立ち込める暗雲

一鶴が批判の矢面に立たされていたことには、別の一面もある。実はこの時期、講談定席の本牧亭と協会との間が、うまくいっていなかったのだ。

現在講談専用の寄席というものはないが、このころには存在した。上野広小路駅から程近く、鈴本演芸場の裏手にあった本牧亭である。

その源流は一八五七（安政四）年まで遡る。本牧屋仙之助が上野広小路に本牧亭を構えた。この仙之助が明治に入って鈴木姓を名乗り、鈴本亭と改名した。この鈴木家が現在も

本牧亭外観

続く落語中心の寄席、鈴本演芸場の経営者である。講釈場の鈴本亭は戦前にいったん閉場したのだが、一九四八年に鈴木家三代目の孝一郎によって本牧亭として復活した。席亭は、孝一郎の三女であった石井英子が長く務めた。

講談が大衆芸能として最も勢いがあったのは明治期で、長く見ても大正年間までだろう。関東大震災で多くの寄席が焼け、芸人たちは仕事の場を失った。講談だけではなく、落語や浪曲も同じである。だがここで寄席が一気に減少したことで、講談の衰退には歯止めが効かなくなってしまった。かつて東京では、町ごとに寄席があった。芸人はそこを周っていれば修業ができたのである。それが減っていき、第二次世界大戦期には皆無という状況に追い込まれた。戦後になって本牧亭ができたのは講談にとって救いで、後の講談協会、当時の講談組合と本牧亭が二人三脚の形で進んでいく堅固な協力体制ができあがる。さまざまに変遷はしたが、一九七〇年代に入ると、一月のうち上旬と中旬の二十日間は昼席で講談協会の公演、あとの十日間の昼席とすべての夜席は貸席営業という形式が定着していた。

しかし、時代が下がって客入りが減少すると、そうした関係にも罅《ひび》が入り始めた。伝統的なやり方を固持しようとする協会と、新しい需要を掴むために変化を求める本牧亭とは、たびたび衝突するようになっていたのだ。

起点は一九七〇年九月二十四日の東京新聞に、本牧亭が定席に落語家を出演させる意向、という記事が掲載されたことだろう。当時の講談協会は真打十四名、上旬と中旬で二十日間の定席公演を打つ本牧亭は、代わり映えのしない番組しか組めないため客足に影響し、一日二十五人程度しか入らなくなった、と苦情を申し立てていたのだ。真打一名、二ツ目二名の落語家を出演させることで変化を起こすカンフル剤としたいという意図である。次いで、十月八日の朝日新聞に追撃記事が掲載された。ここには本牧亭・清水基嘉の談話も含まれる。清水は本牧亭で長く席亭を務めてきた石井英子の長女・孝子の夫で、このころは本牧亭社長の座に就いていた。清水は、高齢化して考えが硬直している講談協会の姿勢を批判する内容の発言をしている。これに対して講談協会の会長・神田山陽は、自分たちに不勉強な面もあったと譲歩する反応を見せた。

この落語家が入る番組は、十月のみで終わり、一応十一月からは講談協会のみの従来通りに戻った。協会と本牧亭の間でなんらかの話し合いが行われた可能性はあると思うが、表に出ていない。このやり取りで注目されるのは、新しいことに挑戦する意欲を見せる二ツ目として、たびたび一鶴の名前が出ていることだ。先に引いた田邊の「思ひつくまま」はこの流れを受けてのもので、「奇才に期待」というのは、講談界にも時代の変化に対応しなければならないという節目が訪れているという状況を受けてのものであったことがわかる。

本牧亭との度重なるすれ違い

事態はこれで収まったわけではなかった。明けて一九七一年一月十八日、本牧亭から講談協会の各会員に対して書面が発せられた。講談定席の看板を下ろし、講談を中心とした番組を独自で組んでいくことが主旨である。加えて、以降は講談協会とは距離をとり、真打昇進など人事への関与も遠慮すること、その時点で本牧亭内に置かれていた協会事務所は移転を希望することも記されていた。「さりながら、ここ数年の異状なる物価上昇など、世の中の動きはさらに激しいものとなり、古きよきものはだんだんに姿を消し、昔の雰囲気で物事を処理していく時代は、どうやら終ったようで御座います」という一文が印象的である。

これが明るみに出て、各メディアに記事として取り上げられた。一月二十三日の読売新聞には前出の本牧亭・清水が取材に応じ、前年十月の実験ではやはり普段の興行よりも収益が上がった、協会の言いなりになっていては、人気のない演者も出さなければいけないし番組の改善は期待できない、という主旨のことを語っている。

講談協会は一月末に臨時総会を実施し、山陽会長の留任、協会事務所の山陽会長宅への移転、本牧亭から出演依頼を受けない協会員のために仕事を開拓すること、秋にホール講談会を開催すること、見習・前座の身分を廃止して同格とすること、などを決議した。

二月の本牧亭昼席は、一日から五日までが五代目宝井馬琴《ばきん》一門会、六日から十日までが宝井琴窓《きんそう》・六代目一龍斎貞水・神田伯治《はくじ》による「江戸華悪人競《えどのはなあくにんくらべ》」という生世話講談特集、十一日から十五日までが五代目古今亭今輔《ここんていいますけ》（先代、故人）、十代目金原亭馬生《きんげんていばしょう》（先代、故人）、四代目三遊亭金馬《さんゆうていきんば》（先代、故人）ら落語家と六代目小金井芦州《こがねいろしゅう》の演芸会、十六日から二十日までは田辺一鶴企画によるバラエティー寄席という公演になった。ここでもやはり一鶴が起用されている。

翌三月にもやはり十六日から二十日まで一鶴企画のバラエティー寄席は開催された。その他は五日間に浪曲師の玉川勝美《たまがわかつみ》（現・イエス玉川）が出演する他は講談師のみの興行となった。ただし一日から五日までは前月と同じ馬琴一門会だし、六日から十日の出演者には五代目神田伯山の名前が連ねられている。当時、一門は参加していたが馬琴は協会員ではなかった。伯山も協会がまだ講談組合といっていた一九六五年に脱退していたので、協会主催の定席には出演していなかったのである。三月号の『講談研究』には、伯山が六月から毎月九日・十日に本牧亭で独演会を開くことが予告されている。この二人に出演させることは本牧亭の悲願であったと思われる。

こうして協会と本牧亭との関係は、前者が後者に譲歩して講談月例公演の場を確保するという形で現実的な解決が見られた。『講談研究』二月号によれば、山陽会長と本牧亭の間で、昼席公演では必ず協会の前座を出演させるという約束が取り交わされたとも書かれている。山陽会長は実を取ったのである。

しかし、これで事態は収束しなかった。次に起きたのは一見無関係に見える出来事だった。六月二十七日に行われた第九回参議院議員選挙に、講談協会理事長の一龍斎貞鳳が出馬し、全国区で当選を果たしたのである。そのこと自体はたいへんめでたいことだ。当選した貞鳳は六年間講談師としての活動を休止して議員の職に集中するという主旨の声明を出した。これが波紋を呼んでしまう。本牧亭は、木戸に掛けてあった真打の名を記した提灯から貞鳳のものを外し、公演パンフレットの表紙からもその名前を消した。

そのパンフレットには「貞鳳の華麗なる転身」という文章が掲載されている。参議院選に出馬した貞鳳を、講談関係者は一丸となって応援した。にも関わらず、講談師の肩書を捨てるという貞鳳を執筆者は激しく批判し「今月から、本牧亭の番組の講談家の連名から、貞鳳の名前が消えた、永久に」と文章は結ばれている。記事にはもう一つ、一九七〇年に行われた協会の役員改選でまだ若手の部類に入る貞鳳が理事長に就任したが、それ以降東宝名人会には出ても本牧亭には出演しなくなった、という事実が指摘されている。理事長就任を参院選出馬のために利用したのではないか、ということだろう。（ｓ）とあるので、書いたのは社長の清水だと思われる。

九月十八日の「東京新聞」朝刊「こちら特報部」欄には「あの本牧亭が貞鳳センセイに〝絶縁状〟」という見出しの記事が載る。同紙の取材に対し山陽会長は、「本牧亭もよその寄席などと同じように一つの演芸場としか考えていません」と答えている。これは客観的に見れば正しい発言である。本牧亭からの通達を受けて、それまでの二人三脚的な関係は解消されているからだ。単にその事実を述べたに過ぎない。

さらに十月に入ると本牧亭は、それまでの木造建築を鉄筋コンクリートに建て替えるため、翌一九七二年からしばらく休席に入ることを決定し、協会に通達を出す。月例出演の場が一時的だとしてもなくなるわけで、このことは協会内に動揺を招いた。

『講談研究』十一月号には講談協会会長・神田山陽の「本牧亭問題に関する私の意見」という文章が掲載される。一月の定席廃止、九月の貞鳳批判、十月の改築連絡という三つの本牧亭からの通知を受けて会長自身の見解を表明したもので、本牧亭の態度を協会蔑視《べっし》という言葉を使って厳しく批判している。特に、役員選を私して個人のために利益誘導した事実はなく、選挙はあくまで公正に行われたと明言している点が大きい。本牧亭との関係はあくまで協会と演芸場という対外的なものだが、役員選となると協会内部の話なので、ここは会長として白黒をはっきりさせておかなければならない点だろうからだ。

こうして、関係者の心にしこりを残したまま一九七一年は暮れた。翌一九七二年二月から本牧亭は予告したとおり休場し改築を開始する。協会は四月から毎月十日間、浅草三丁目のやまと会館二階ホールで定席公演を行う旨を発表した。八月には実験的に夜席での公演が行われた。それまで講談の定席は基本的に昼席だったのである。昼間は仕事があって会場に来られない勤め人を招き入れる意図があったのではないかと思われる。その間に新本牧亭が落成し、十一月三日に披露《ひろう》パーティー、四日からは一般公演が再開された。

本牧亭との関係がこじれて動揺があったものの、結果からすれば一九七二年は良い年だったと言える。新本牧亭が再開すれば定席ではないものの公演は行われる。それにやまと会館の十日間を加えれば講談の場は純増したことになるからだ。おそらく関係者の誰もがほっと胸を撫《な》でおろして年末を迎えたものと思われる。だが、翌一九七三年は激動の年となった。

講談協会の分裂

五月十一日、「読売新聞」夕刊に「講談協会が解散」という記事が載った。

——女講釈師のポルノ講談口演がきっかけで、伝統ある講談協会がとうとう解散してしまった。

講談協会（神田山陽会長）は、十一日午前十一時から、東京・上野の本牧亭で臨時総会を開き、さる八日の臨時理事会で、神田伯治ら五理事から出された協会解散動議につき、二つ目以上の会員の投票を行い、十四対六で協会解散を可決した。これにより、神田ろ山《ざん》、神田伯治、小金井芦州ら過半数の講釈師は、神田山陽、田辺一鶴一門と別れて新しい講釈師の集団をつくり、明治十四年以来九十二年の歴史を持つ講談協会は二派に分裂することになった。

ことの起こりは、田辺一鶴に破門され、謹慎中の女流講釈師田辺夕鶴を、神田山陽会長がその身を預かって天の夕づると改名させ、さる一日、本牧亭でポルノ講談を口演させたことに対し、多くの会員から「会長の独断である」「ああいうものは講談とは認めがたい」の声が起こり、今までの協会運営面での会長への不満が爆発したもの。

神田山陽の話「私としてはあくまで協会の解散に反対だったのだが、多数で決められたことであるのでやむをえない。今後は自分と意見を同じくする人たちを集めて新しい会を作りたい」

第一章でも触れた元田辺夕鶴の天の夕づるが騒動の引き金になった。

この時点で田辺一鶴はまだ二ツ目だが、すでに数人の弟子を取っていた。『講談研究』

二月・三月号に講談協会の名簿が掲載されている。それを見ると、一鶴と同じ二ツ目に小《こ》鶴《づる》（後の神田翠月《すいげつ》、故人）、前座に夕鶴、二鶴《にかく》（後の西鶴《さいかく》、廃業）がいる。また、五代目宝井馬琴門下で同門の琴時《きんとき》（現・琴梅《きんばい》）と結婚した二ツ目の琴桜も、一年間だけだが千鶴《ちづ》子《こ》の名で一鶴に弟子入りしていた。

天の夕づるは、三月号の時点では田辺夕鶴として紹介されているのだが、四月号で神田山陽門下に入って天野ゆうづると改名することが告知された。結局は天の夕づるとなり、五月一日昼夜で開催された神田山陽一門会に出演したのである。そこから臨時理事会が行われた八日までわずか一週間、ポルノ講談が協会に与えた衝撃の大きさが窺《うかが》える。

記事に名前の挙がっている神田伯治（のちの六代目伯龍《はくりゅう》、故人）ら山陽反対派は、講談組合の名を復活させて団結をアピールした。反山陽派と見られてもここに参加しなかった講談師もいたり、山陽の門下にいたのに金沢亭文庫《かなざわていぶんこ》と改名して組合に参加した神田連《れん》山《ざん》、同じく山陽門下の大谷竹山《おおたにちくざん》のような奇妙な動きをするものもいたのだが、煩雑になるので省略する。

『講談研究』一九七三年六月号には、両派の言い分が掲載されている。講談組合委員会は「講談の伝承と発展　――「講談組合」復活の弁――」と題する文章で、中に「ところが、最近、協会の中に、講談の新なる発展を誤って理解し、高座において奇怪な狂声やアクロバットに等しき動作……というより発作に及ぶものも生じ、又、ポルノ・ショウを演じ、その間に何事か喋るものを以て講談と称し、まさに邪道、逸脱の極に達するものが現われました」という一文がある。後者は問題になったポルノ講談のことだが、前者が指しているのは田辺一鶴だろう。一鶴を真打として認めるか否かという問題が、ここにきて講談協会分裂を左右することになってしまった。

批判される立場となった山陽は、自らの弟子と一鶴一門を糾合し、日本講談協会を旗揚げした。この時点で関係修復は不可能になっていたが、「講談協会騒動記」と題する文章を発表し、臨時総会で何が論議されたかを明らかにした。一九七一年に「本牧亭問題に関する私の意見」を発表したときと同様の箇条書きで、回答は具体的である。長くなるので、大事な箇所のみを要約して紹介する。

一、「天の夕づるの新作発表の仕方について」

批判の主旨は、五月一日に本牧亭で行われた山陽一門会において、天の夕づるに改名披露でトリをとらせてポルノ講談の新作を発表させたことが許せないというものである。これに対して山陽は「本牧亭はすでに定席ではなく、一門会は会場を借りて開催した」「天の夕づるをトリ扱いしたというのは誤認で、前座として出演させ、一門紹介のくだりで入門のいきさつを紹介した。本人から新作発表をしたいという申し出があったので、昼夜興行の間を使う形で許可を出したにすぎない」と回答した。

二、「一鶴、夕づるの講談論について」

「講談は話の芸であって、飛んだりはねたり、又娼婦まがいに高座で寝たりするものではない」という批判は先の声明にあった通りである。それに対する山陽の回答は重要である。

「講談とは物語を活かす話芸であって、その方法は過去に於ても幾多の形態がある。盗賊の扮装をして忍びの型を演じた講談もあり、七世貞山《ていざん》や私の幽霊の扮装、洋服姿で立ったり腰掛けたりの立体講談などは、いずれも物語を効果的にする技術であって、従来も新趣向として講談のジャンルにあった筈だ」

六、「本牧亭との講談定席問題について」

「定席問題が起きた際、山陽は感情的態度をとった。これは協会員にとってマイナスである」という批判があった。これは先に紹介した、一九七一年九月十八日の「東京新聞」で貞鳳と本牧亭の対立について「本牧亭もよその寄席などと同じように一つの演芸場としか考えていません」と話したことを指しているのだろう。これに対し山陽は、定席解除以外にも許せない問題があって本牧亭への出演を控えた時期もあったが、「行きがかりを捨てて現在は出演している」旨回答した。また、本牧亭の代替としてやまとホールでの定席に力を入れてきたこと、その客入りが芳しくなかったため他の役員は冷淡になったが、あくまで自分はやまとに重点を置いている、とてのひら返しをした役員をチクリと批判した。

こうして見ると、一九七〇年頃からの一連の出来事が、すべて講談協会分裂につながっていることがわかる。講談史の中でこの分裂劇について語られる際、夕づるポルノ講談が発端であること、一鶴の芸に対する批判があったことまではよく言及される。その背後には、講談界全体の不調が続き、それに対して本牧亭が講談定席という形を捨て、需要を掘り起こすことができるような新しい公演の形を模索していたという状況がある。その中で募った協会員の不満が山陽会長に向けられ、夕づる・一鶴の両者がわかりやすい標的となった、というのが本当のところなのではないだろうか。

荒波の中での真打昇進、そして

山陽は一鶴を同志として扱った。『講談研究』十月号に、一鶴が真打昇進を果たしたことが記されている。入門十九年、講談学校の時代から数えれば二十年目にして、ようやくである。

続く十一月号に、演芸評論家の小島貞二《こじまていじ》が「新しい一鶴の周辺」を寄稿している。

一鶴の真打披露パーティーは九月二十三日、日本講談協会名誉会長となる福富太郎の経営するキャバレー、銀座ハリウッドで行われた。たまたま九月二十一日に亡くなった五代目古今亭志ん生《しんしょう》の葬儀と重なっており、小島はそちらから駆けつけた。パーティーの十三日前には実父の増田正知氏が七十八歳で亡くなり、一鶴は衝撃を受けていたという。

小島と一鶴の親交は深く、一鶴が南鶴に入門した当時からの知己《ちき》である。南鶴が亡くなる前、「話題が一鶴のことに及ぶと、師は目をかがやかせて、田辺派の将来を託する存在となり得たことを喜んでおられた」と小島は明かす。

真打披露興行は十月一日から三日間、本牧亭で行われた。一日の高座を聴いた小島は、こう書いている。

――［……］一鶴の高座は、まだまだ満足すべきものではないが、何かもう一つ脱皮しようとする意欲は感じられて、好ましかった。この人の芸は、外部の人が演出しようとしてもダメである。彼の中に何かが芽生え、それが彼自身のエネルギーによって燃焼するのを待つタイプである。昭和の柳家金語楼《やなぎやきんごろう》、戦後の三遊亭歌笑《かしょう》、そして林家三平《はやしやさんぺい》に似たものを見る。［……］これからは一鶴の人気を利用して、講談界全体が立ち直りを計るべきときである。それは、むしろ一鶴自身が、自分に課せられた新しい任務と解すべきである。コップの中の嵐《あらし》のようなトラブルは、一日も早く解消してほしいものである。

講談界再興への思いを背負って田辺一鶴は真打となった。真打興行は昼夜三日間で合計の客数は百二十一名、一回あたり二十名という厳しい数字である。講談界の「外」ではマスコミの寵児《ちょうじ》、しかし「内」ではまだまだ講談ファンの目を向けさせるほどの実力は伴っていなかった。一鶴の苦闘はまだまだ続く。

その真打興行を控えていた一九七三年八月、一鶴は依子という歌手志望の女性と出会うのである。

第三章

偉大なる師匠の下で

◎登場人物

二代目神田山陽……初代日本講談協会会長。三代目神田松鯉ほか多くの弟子を輩出

五代目宝井馬琴……合同後の講談協会会長。

はまな翠月……益子美の姉弟子。二ツ目時代の名は小鶴。後に山陽門下に移籍し神田翠月

小島貞二……一鶴と親しい演芸評論家。かつては大相撲・出羽海部屋に入門した力士であったが、怪我が原因で廃業し評論作家へと転身。「益子美」「鶴女」の命名者

「この子を今日一日、貸してもらいたいんだけど」

　第一章は、秋月ともみに連れられてやってきた依子が一鶴と出会っていきなり営業に連れだされるまでで終わっていた。一鶴はこの日の午後、レギュラーを務めているラジオ番組の出演者としてニッポン放送に来ている。萩本欽一と坂上二郎のコント55号が司会を務める番組で、視聴者からの悩み相談に答えるというものである。一鶴は複数いる相談員の一人だった。

　昼の仕事のあと、夕方に日野自動車で営業の仕事があった。従業員を対象とした慰労演芸会であったらしい。そこに行こうとして時間を潰《つぶ》しているところに、秋月と依子がやってきた。

「急に『この子を今日一日、貸してもらいたいんだけど』って言いだしたんです。こっちはもう何もわからなくて、ついていくだけ。迎えの車はなくて、日野まで電車で行きました。切符も買ってくれなかったと思いますよ。相手が若い女の子だから気を遣うとか、そういうことは一切しないですから、一鶴は。電車の中でも会話とかは特になくて、私はただただ緊張していました。阿部社長のところで仕込まれていましたから、自分からカバンをお持ちします、って言ったんです。それだけですね。それで連れていかれたのが、日野市にある日野自動車の工場ですよ。敷地の中に体育館があるんですね。そこで千人のお客様をどっと沸かせているのを見て『先生、すごいなあ』と思っていたら『依子ちゃん、ちょっと来なさい。皆様にちょっとしゃべりなさい』ですからねえ。何をしゃべったかは全然覚えてないんだけど、一鶴はすごく気に入ったみたいで『弟子の依子と申します。これからもよろしくお願いします』ってことになったんですよ」

目上の人間から、特に先生という人の言葉はなんでも素直に聞かなければならない。依子はそうしつけられてきた。一鶴の言葉にも、咄嗟《とっさ》に逆らうことなど考えられなかった。

「しかも秋月先生から『田辺一鶴は偉い先生だから。偉い先生だから』って何度も言われてるでしょう。『はい』って言うしかないですよ。『後で秋月先生が何とかしてくれるだろう。紹介したのは秋月先生なんだから』と思いながら頭を下げてました。歌に講談を取り入れるのもいいかな。とにかく前向きに考えていましたよ、何もわからないから」

当時の依子は二十歳。一鶴が若者のどこを認めて弟子にしたのかはよくわからない。実はそれ以前にも、一鶴は二十五人の弟子を取っていた。すぐに辞めたり、他門に移籍したりで、依子が来た時点で残っていたのは、二ツ目に昇進していた西鶴（廃業）、依子のすぐ上の兄弟子となる鶴生《かくしょう》の二人だけだった。

しかも一鶴の真打昇進は第二章で見たように一九七三年十月一日のことである。つまり、依子が出合ったときも、まだ二ツ目だったのだ。弟子を取る資格が備わるのは真打昇進を果たし、芸人として一家を成してから、というのが講談・落語界の決まりである。それを無視してまで、一鶴は講談師の弟子を取り続けた。そうしないと、講談界は絶えてしまうという強い危機感があったのだ。

「日野自動車の翌日から一鶴についてカバン持ちです。それが二年間続きました。一鶴はそんなキチキチっと言う人ではないので、『君は今日から入門だよ』とか『名前はこうだよ』という段取りはしなかったです。その場その場の感覚で弟子にするというか、気が合えばそれでいいという感じです。たぶん他のきょうだい弟子もそうですよ。だって翠月姉さん（故人。はまな翠月の名で真打昇進し、後に山陽門下に移籍して神田翠月）は、家出をしてきた女の子と勘違いされて、上野駅で保護されたんですから。それでいつの間にか弟子になっていたんです。家出してきたと思っていたので、一鶴は心配だったんでしょうね。毎日アパートの前で見守っていたらしくて、今だったらストーカーと間違えられるところです。翠月姉さん、言ってましたよ。『アパートの大家さんに不審に思われて、困っちゃったわよ』って。夢中になると一鶴はそうなっちゃうんだね。（宝井）琴桜姉さんは築地魚市場でアルバイトしていたときに出会ったんじゃなかったかな。学生時代はソフトボール部のキャプテンだったそうです。そういうのが一鶴は好きなんですよ。女性でも自分でリーダーシップが取れる人材じゃないといけない。講談師として育てる上ではモジモジしていちゃモノにはならない、ってことですよね。私はどこが認められたのかはよくわからない。一つは秋月先生の紹介ということで、先生のことを信じてたんでしょうね。ただ、自分が見つけたわけじゃないから、そこが引っかかるところではあります。後になって『私は本当に好かれて入門したわけじゃないんだ』って思ったこともありましたよ。『本当は一鶴も、自分が見つけた弟子がかわいいんだろうな』って。思い込みが激しすぎたのかな」

総勢五十人を超える一鶴の弟子で、他人から紹介されて入ったというのは、実は依子だけである。日野自動車の工場に行った日が、弟子入り記念日だ。その後程なくして日本講談協会にも正式入門ということになり、お歴々に挨拶をすることになった。この日付はわかっていて、十二月二十五日である。正確なのは、日本講談協会の忘年会があった日だからだ。前述したように、一鶴は十月に真打昇進を果たしている。それを過ぎてから正式に日本講談協会入りした依子が、真打昇進後に初めて入った弟子で、通算では二十六番目ということになる。

第二章で書いたように、この時代東京には二つの講談団体が存在する。講談組合と、日本講談協会である。日本講談協会の忘年会は毎年、江東区高橋の老舗《しにせ》どじょう料理屋・伊せ喜だった。

「初めて伺った日は、挨拶をするどころじゃありません。一鶴が全部ぺらぺら喋《しゃべ》って、私はただ黙っているだけでした。（神田）山陽先生（二代目。故人）、（馬場《ばば》）光陽《こうよう》先生（故人）、（神田）松鯉さん（当時は小山陽《こさんよう》）もいたし、（神田）照山《しょうざん》さん（故人）も翠月さんも。みんないましたよ。十二月二十五日に忘年会というのは、山陽先生が毎年決めていらっしゃったんじゃないですかね。どうして伊せ喜かというと、将棋が理由です。山陽先生も一鶴も、素人の三段四段っていう、けっこうなレベルだったのね。伊せ喜の大将も将棋が趣味なの。それで毎年、山陽先生と大将が将棋で対決するんですよ。山陽先生が勝つと勘定を払わなくちゃいけない。で、大将が勝つとただになる。粋な計らいですよね。だから協会の者は全員が全員、心の中で『山陽先生、負けてください』って祈ってました。といっても、わざと負けるなんてイカサマみたいなことはしません。真剣勝負だったんです。そのハラハラドキドキが、すごく楽しかった。一鶴も将棋の知識があるものだから、山陽先生と大将が指しているまわりをチョロチョロして、つど私たち若手のほうへ報告に来るんです。『今はこうなって、ああなって』って、それが一席の講談みたいでした（笑）」

最初の忘年会に参加したときはまだ芸名はついておらず、依子という本名のままだった。団体によってまちまちだが、講談・落語・浪曲といった伝統芸能の世界では、前座として正式に受け入れられる前に見習期間がある。忘年会の後、依子の芸名は決定した。田辺益子美《ますこみ》である。命名者は演芸や相撲、プロレスの評論家でもある作家の小島貞二だ。

「私を連れずに一鶴がお訪ねして、小島先生に命名していただいたみたいですね。小島先生は一鶴の、書くほうの師匠になるんですよ。講談のほうは（田辺）南鶴師匠だけど、書くほうは小島先生だと一鶴は思っていました。だから名前を付けてもらおうと思ったんでしょうね。私はそのことを聞いていなくて、小島先生から益子美と書かれた命名の紙をいただいて初めて知りました。弟子になって最初のお正月、あんなに売れている一鶴が、地元平井の商店街を一軒一軒回って、後援会の皆様に新年のご挨拶に伺ったんです。私を『弟子の益子美です』と一所懸命紹介してくださって。感激しましたね」

一鶴との目まぐるしい日々

ここからは前座名の、益子美で表記する。

益子美の入門は、正式には一九七三年十二月二十五日ということになる。八ヶ月先輩に、宝井琴鶴《きんかく》（後の六代目宝井馬琴）に入門した宝井琴鉄《きんてつ》（現・琴星《きんせい》）がいた。益子美に少し遅れ、一九七四年二月に神田一陽《いちよう》（現・愛山《あいざん》）が神田山陽に、宝井琴僚《きんりょう》（現・琴調《きんちょう》）が宝井馬琴に入門する。ばらつきはあるが、この二人は益子美とほぼ同期である。ただし当時、琴鉄の師匠である琴鶴と琴僚の師匠である馬琴は講談組合、益子美の師匠・一鶴は日本講談協会に属していたので、二人と前座修業は共にしていない。愛山とは同じ協会なのでずっと一緒だった（現在の愛山は日本講談協会）。

少し後に、一九七四年七月に一鶴に入門した現・田辺南北《なんぼく》がいる。一九七五年十月入門の神田山裕《さんゆう》とは一緒に真打昇進するという話が出るほど縁があったが、山裕は惜しくも若くして病に倒れ、二〇一五年に亡くなっている。

講談界の根城である本牧亭は、講談組合と日本講談協会の分裂後は十日ずつの交替制になっていた。講談師として入門したからには、定席があれば前座、あるいは見習としてそこに行き、働くのが決まりである。だが、益子美の姿は本牧亭定席にはなかった。

「毎日一鶴のカバン持ちです。もちろん定席も行きますけど、テレビとかラジオとかそれ以外の仕事が一鶴にはいっぱいありましたから、ほうぼうにカバン持ちでついていかなければいけない。『講談界に入門した者は、必ず定席に毎日出なくちゃいけない』ということも最初は知らなかったんですよ。一方では同期の愛山さんは毎日本牧亭で働いている。そうなったら『あれ。益子美は前座なのに手伝ってないのか』ってなっちゃいますよね。先生がたにも『お前、なんで前座やってないんだ。一陽一人だったぞ』と言われてしまって、どんどん立場がなくなっていくんです。前座仕事をおろそかにするつもりなんてないけど、一鶴に言われるがまま。注意されて初めて『あ、そうなんだ。業界の前座だからずっと定席にいなくちゃいけないんだ』ってわかったくらい。一鶴はそういうのを説明する人ではなかったです。すべてのことは他の先生が教えてくださったように思います」

一鶴は忙しい。一九六六年に「東京オリンピック」で爆発的に売れて以来、講談界の新星として引っ張りだこの日々が続いていた。

「とにかく売れてましたよ。芸人でも、寄席だけに生きる方と、マスコミで生きる方というのはいるでしょう。ただ一鶴は、自分が売れたいというよりも、講談を世間に広めるのに一番いいチャンスだと思ってそれに乗ったんです。NHKに一鶴を引き出してくださったプロデューサーがいて、その方のおかげなんですね。だって公共放送だから、普通だったら一鶴みたいな芸風は敬遠するじゃないですか。跳ねたり走り回ったり、脱線したり駄《だ》洒落《じゃれ》が入ったり。時にはヒゲをピカピカ光らせてみたりね。昔は、高座に上がるときは眼鏡や指輪などの装飾品はご法度《はっと》だったんです。一鶴のヒゲだって本当はだめですよ。でもそれをあえてやっていた。だから後に回ったら非難囂囂《ごうごう》でしたよ。『なんだあいつ』って言われて。そういうのはカバン持ちの私にも降りかかってきました。もちろんテレビ局とか普通の仕事に行くと『すごいですねえ、あの一鶴さんのお弟子さんで』って言われるんですけど、寄席のお客さんからは『あんなの邪道じゃないか。なんで君は一鶴の弟子になってるんだ』って詰め寄られるんです。こっち行けばもてはやされて、こっち行けばコテンパンにやられちゃう。正直、当時は『私、田辺一鶴って人についていっていいのかな』って悩んだこともありました」

まるで台風のような目まぐるしい師匠の生活に、弟子も合わせなければならなかった。

「毎日、朝八時に自宅のある平井（江東区）まで行くんです。前もってその日のスケジュールなんて聞かされてないから。とりあえず行くわけですよ。それから近所にある、行きつけの喫茶店に入る。一鶴が決まって座る場所があって、書斎みたいになっているんです。そこには全国紙からスポーツ紙まで、とにかく全部の新聞が置いてあって、一鶴は全部読んでいましたね。とにかく勉強熱心でしたから。それと後から熱中したのはインベーダーゲーム。昔は喫茶店に行くと、テーブルにゲームが入っているところが多かったじゃないですか。あれにも熱中していました。それからとにかくしゃべるんです。もう、二時間とか三時間は平気でしゃべってますもの。自分がした仕事の内容とか、ウケたとかウケなかったとかそういうことですね。私は連続で八時間ぶっ続けで話を聞いていたことがあります。それに口を挟めなかったですね。今ぐらい自分ができていたら、何か予定があったら『師匠、ほら、もうそろそろ行きましょうよ』とか言えるんですけど、入ったばかりのカバン持ちでは無理ですね。それに予定だってわからないわけだから、何も言えないんです。だから、朝行ったらいきなり千葉に行くときもあれば、放送でＮＨＫとかフジテレビに入る場合もある。もう、何がなんやらさっぱりわかんないです。私が記憶している当時の一鶴というのは、お正月のオールスターかくし芸大会で、なぜか局の表を走り回っている姿です。記憶の中の一鶴は割と走り回ってますね。ときどき飛び跳ねたり（笑）。それに合わせて弟子も走り回らなきゃいけないんですから、大変なんですよ」

多忙なスケジュールだけではなく、益子美は一鶴の奇癖にも悩まされた。本番前に、どこかに消えてしまうのである。

「テレビ局なんかに入るのは早いんですよ。だいたい二時間前に入るから、ディレクターやスタッフは安心しますよね。ああ、大丈夫だ、って。でも十分前になるといなくなっちゃう。どこかで稽古をしているのか、トイレに行っちゃうのかわからないけど、とにかくね。そわそわそわそわ、あれは緊張しているんですかね。ディレクターに『お弟子さんが綱でも縄でも引っ張って待っていてください』って怒られたことありますよ。探しに行くと、いつも非常階段で稽古していました。名古屋に大須演芸場ってありますけど、あそこに十日間出たときは大変でした。一鶴は出番の合間に古本屋に行くから。それで出番に間に合わなかったこともあります。師匠をつかまえて、着替えてもらうだけでたいへんで、十日間クタクタ。今みたいに携帯電話がある時代じゃないですからね。もうどこに行っちゃってるんだかわからない。席亭には『師匠の代わりに高座上がれ』って言われたけど、私できないですよ、そんなこと（笑）」

芸能関係の古本蒐集《しゅうしゅう》は趣味と言うには熱心すぎるライフワークだった。自宅の外に倉庫を借りるほどに本は増え、後にイッカク書店という古本屋まで開業している。

「大須演芸場に行くと何十冊も古本を買うでしょう。私は弟子だから、それを見て『私が持って帰るんだよね』『重いよね』って思ってました（笑）。だから駄目元で『師匠、これ宅配便で送ったほうがいいんじゃないですか』って言ってみたんだけど『マアちゃん、宅配便はだめだ。古本っていうのは何十年、何百年と経ってるから、これをギューッて押すとダメになっちゃう。価値がなくなっちゃう。だからだめなんだ』って。あと『中身が本だとわかると、宅配便の人はポーンとダンボールを投げるだろ』って言うのよ。だからだめだと。本当に大事にしてましたね。だからコピーもだめなんですよ。本を拡げて押し付けると傷んじゃうから。聞いてみると、『ああ、そうか』と思うんだけど、弟子としてはね。宅配便で送ったほうが絶対新幹線の中だって楽じゃないですか。そんな重いものを提げて帰るよりも。でも、いつも持って帰ってたんです。安心できなかったんでしょうね、不安になっちゃうっていうか、人に盗《と》られるのも怖かったんだと思う」

日本古書通信社が刊行する『全国古本屋地図』の一九八八年改訂版を見ると、江戸川区の項に「イッカク書店」の記載がある。

——総武線平井駅下車、駅前通りを右へ、一つ目の信号を又右へ折れたところに講談で著名な田辺一鶴師匠経営のイッカク書店（平井二－二五－八）。師匠も店番しないこともないが、大がいは夫人か子息が座っている。場所柄店の入口から三分の一までは足の早い文庫、マンガ雑誌が入っている。しかし十二坪の八坪くらいは講談、落語、話術、音楽、演劇、シナリオ、映画、そしてＳＰレコードまでが所狭しと並べられている。芸能全般が

揃っていることで確かにユニークな店だ。店売りの外小田急でのデパート展、西部会館での古書展にも参加している〔……〕

「古本屋の店舗があったのは、アパートの一階でした。一階と二階を借りていたんですけど、一階を古本屋にしていた。あるとき、兄弟子の鶴生さんがその古本屋である本をすごくほしそうに見ていたんですよ。あんまり欲しそうにしているので師匠に『師匠、なんか兄さんね、この本がほしいみたいなんですけど。プレゼントしてあげたら喜ぶと思いますよ。だめですか』って聞きに行ったのよ。そうしたら『これは商売ものだからだめだ』って。その二階に上がるとご自宅なんですけど、階段の左右の壁にヒゲを生やした偉人・有名人の写真がいっぱい貼《は》ってありました。聖徳太子とか大隈重信とか。『ヒゲを生やしてる人はみんな立派な人だ。自分も立派になるためのお手本だ』と言ってましたね」

手元に「つるの恩返し　笑いと涙の師弟日記」と題された文章がある。益子美が日記形式でランダムに一鶴の思い出を綴《つづ》ったものだが、その中からいくつか、カバン持ち時代のものを抜き出してみよう。

「駅のホームの話」

普通電車が来るまでホームに並んで待つでしょ。それが、電車が来て扉が開いたら師匠は違う車両の扉から乗るんです。師匠だけ乗って私は、ホームに取り残されることしばしば。油断をするなということの教えと受け取った。


「釜めし八個」

師匠と横川に仕事に行ったとき、高座が終わったらお弁当か何か出てくると思っていたら何も出てこなかった。横川の駅に着いたらホームに釜めしを売るワゴンがあったので師匠に「私、おなかがペコペコなので釜めしを買って来ていいですか」と聞いて買いに行った。注文をしたときに、私のうしろから師匠の声がした。「以前こちらの釜めしのコマーシャルをしたんだけど覚えていますか」。店員さんが恐縮して、ビニールに二個入った釜めしを四袋くださった。合わせて釜めし八個。私は電車の中で一個食べさせてもらえるのかな、と思ったが食べさせてもらず。東京駅に着いたらその釜めし八個を持って「おつかれさま」と言って師匠は帰っていった。おなかペコペコ、涙はポロポロ。その時、我慢することと、我慢せず素直に、一つ食べていいですか、と聞くことを憶えた。でも、師匠その釜めし八個どうしたんですか。

「総武電車の中での一席」

秋葉原から平井に向かっているときに、地震がおきて電車が止まり、車掌と乗客、乗客同士のケンカが始まった。師匠がもめているのを何とかしようと思い、講談を始めた。すると、ピタッと止まりホッとしたとき、となりの車両から乗客が来て「こっちでも講談お願いします」と言われ師匠がまた一席。この出来事が新聞に出た。しばらく話題になった。サービス精神のかたまり、いい人です。

入門から半年弱、一九七四年五月の本牧亭定席で益子美は初高座と決まった。読物は、講談師ならほとんど最初は「三方ヶ原軍記」の修羅場だ。講談のエッセンスが詰まっている場面だからである。

「初めての高座に上がって最初は良かったんですが、私は途中で絶句してしまったんです。そのとき一鶴が上がってきて、続きを読んでくれました。お客様からは盛大な拍手が起きました。師匠は『これからも益子美、よろしくお願いします』と言って高座を下りたんです。出演していた先生方も、やっぱりお客様にご挨拶してくださいました」

一鶴と山陽

講談は「読む」という。元は歴史を後世に伝えるために始まった芸能だから、台本が存在する。現在では高座の上では台本を見る演者はおらず、いわゆる無本読みで語るのが普通だ。だが、いずれにせよ、台本がないと講談師は稽古のしようがないわけである。益子美は一鶴からどのように講談を教わったのか。

「教わったのは三席だけです。最初は『三方ヶ原軍記』の修羅場のところ。でも十分ぐらいだから、見習や前座ならいいんだけど、もう少し上になると駄目なんですよ。十分じゃ高座は勤まらない。それと『瓢簞《ひょうたん》屋裁き』『秋色桜』の順です。これは不思議なことに両方とも十五分くらいなんです。本当はもっと長い読物なのに。だからすごく困っちゃった。短いし、三席しかない。かたや同期の一陽さんは一所懸命だから次々にネタを覚えて、毎月替えてくる。知らない人が見たら、私は勉強してないってことになっちゃうんですよ。悩んでいたら、山陽先生が気づいてくださったんですね。『君、僕の家に稽古に来なさい』って言ってくださいました。私が真面目で、一所懸命やってるから、って」

そこから約十年間、益子美は別の一門ながら山陽にお世話になった。

二代目神田山陽

「十年間。ありがたかったですね。八年目までは毎週伺っていたんですけど、そのうちに山陽先生のところにも（神田）陽子《ようこ》ちゃんとか、（神田）紅《くれない》さん、（神田）紫《むらさき》さんが入ってきたものだから私は遠慮したんです。弟子は自分の師匠に教わりたいものじゃないですか。私が図々しくいると、その時間を取っちゃうので、月一回とか二ヶ月に一回、三ヶ月に一回というようにだんだん身を引いていきました。月四回、八年間教わりましたから、山陽先生には三十五席以上いただいています。一鶴に教わった『秋色桜』にしても十五分しかないから、それを三十分やれるようにしてくださったのは山陽先生です。あとは『松井須磨子』『五郎正宗』『木津勘助』、本当にいろいろ」

山陽の稽古は一回が長かった。時には五時間に及ぶこともあったという。

「一つの読物って、原稿用紙二十枚でだいたい三十分くらい。稽古に通って、毎週三枚くらいずつ教わるから二ヶ月くらいで完成するんですよ。それで憶えると、山陽先生が次のネタにしてくださるの。いつも稽古しているのを録音していたから、私のところにカセットテープが残っています。山陽先生の前で私が直しているところとかが入っているんです。五時間といってもずっと稽古をしているわけじゃないですよ。二時間ぐらい経ったらちょっと甘味屋さんに行ってみたり、そば屋に入ったり。あいだあいだに先生がちょっとお腹《なか》に入れてくださるんです。その代わり、私もいきなり行って教わるわけじゃないですよ。まず駅から電話をして、『お買い物何かありませんか』って聞く。それで『洗剤を頼む』って言われたら買って行って、着いたらまず先生の家を掃除する。今はそういうやり方をする先生はあまりいません。家じゃなくてカラオケボックスで稽古をしたりね」

山陽との実のある稽古でなんとか講談師としての命脈はつながった。だが、師匠・一鶴は相変わらず稽古をつけてはくれない。益子美は苦労の日々が続いた。

「なかなか教われないんですよ。一鶴は喫茶店でずーっと自慢話とか仕事先の話を喋っているんです。私のほうからタイミングを見計らって、『師匠。『秋色桜』はこれでいいんでしょうか』って切り出して、ようやくです。自分から率先してやらないと絶対教えてくれないんです。台本だって、『本を見つけとくから』みたいな感じで無いんですよ。他の一門の先生は、台本がきちんとあります。たとえば山陽先生は、それを自分の手で一から書き写しなさい、とおっしゃる。そうすれば物語のストーリーを、書きながら追いかけていって体に入れることができます。時間が計りやすいですよね。そういう基本のことは山陽先生にほとんど教わりました。一鶴じゃなくて」

山陽と一鶴では、何もかもが違った。

「どのくらい教えてくれないかというと、私しばらく自分が『デビューした』って言っていたんです。日本講談協会と講談組合が合併して、（一龍斎）貞水先生（六代目。故人）と寄席でご一緒するまで、ずっと言い続けてました（一九八〇年）。貞水先生に『デビューじゃないぞ、講談師は初高座って言うんだ』って教えてもらったんですよ。そのくらい、講談界の常識みたいなことも一鶴からは教わってないんです。一鶴は、自分では教えずに『舞台で恥をかいて、自分で気づけ』という主義なの。だから最初のころは不安だらけで、とても高座に上がれなかった。ところが山陽先生は、『そこは声を上げるんだよ。下げるんだよ。速くしゃべるんだよ。ゆっくりだよ。ここまでで五分でやらないといけないよ』と、きちんと教えてくださる。だから自信を持って高座に上がることができるんですね。でも今となっては、一鶴の教え方も必要だと思っています。入門したてのときは山陽先生の教え方がいいけど、それを憶えた後は一鶴のやり方も大事ですよ。『客に合わせて、舞台の上で思い切ってやってこい』『客にウケるかウケないかを自分で身体で感じてやらないと芸というのはだめだ』というのをわからせることも必要なんです。そういうことは、年数が経たないとわからないところはありますよね」

師匠がなかなか台本をくれなかったことでも益子美は苦労をした。だが、そもそも講談の世界においては、台本は非常に大事なもので、各自それぞれの思いがあるのだという。

「今は『伝承の会』っていうのがあります。先生がたが若手に新しいネタを渡してかけさせるという主旨の会なんですけど、そういうのもあって、若手が比較的簡単にもらえる時代になりつつあります。でも私たちは違うんですよ。その先生、たとえば（一龍斎）貞丈先生（六代目。故人）なら貞丈先生にまず好かれないといけない。先生に『お前、なんかネタほしいんじゃないか』って言わせるまで一生懸命しないと、ネタはもらえないものだったんです。もちろん（宝井）馬琴先生（五代目。故人）もそう。貞水先生も、（小金井）芦州先生（六代目。故人）も、みんなそうですよ。山陽先生は私に教えてくださったけど、簡単にくれないことのほうが普通だったんです」

二代目神田山陽はおもしろい経緯で講談界に入ってきた人だ。大手書籍取次商の大阪屋号書店の跡取り息子だったが、あるときから講談に魅せられて町の講釈場に足繁く通うようになる。昭和十年代の講談は衰退が始まっており、山陽の通った聞楽亭《ぶんらくてい》も客入りの悪さに喘《あえ》いで、今にも潰れそうだった。そこで山陽は私費を投じ、聞楽亭の立て直しに乗り出した。いわゆる「お旦」だが、自身でも品川連山《しながわれんざん》の名で講談組合（後の講談協会）に加盟、高座に上がるようになる。当時の大看板を招き、礼を尽くして教えてもらったので、諸派のさまざまな読物を幅広く覚えることができた。戦後、三代目神田小伯山《こはくざん》を経て一九五五年に二代目山陽を襲名、一九七〇年に講談協会会長に就任、その分裂後は初代の日本講談協会会長も務めた。人間国宝・三代目神田松鯉をはじめ、多くの弟子を輩出した講談界の重要人物である。

「もちろん他の先生方も若手には親切にしてくださいましたよ。よく打ち上げでいろいろなところに連れていってくださいましたし、勉強させてもらいました。だって今、私は若手にそんなごちそうできないですもの。貞丈先生も、芦州先生も、山陽先生も、みなさん偉かったと思います。五人も六人も連れて行って、あれだけの金額を出されて。私が入門したとき、本牧亭の前座給金って二百五十円だったんです。今はその十倍くらいにはなっていますけど。交通費なんてね、先生たちと一緒にいると『お前、どこまで帰るんだ』って切符を買ってくださるんです。そうしてくださったから私も続けられたのかもわかんないです。あのころ二百五十円もらって切符を買って、お昼を食べて、っていったらやっていけないですよね」

困窮《こんきゅう》を助けてくれた師の四万円

新米講談師として修業の道に入った益子美だったが、生活は厳しかった。三度の食事を満足に取ることもできない日が続き、一時は体重が四十八キロまで落ちた。

「朝、平井に八時に行って、ずっと師匠と一緒でしょう。仕事がないときは喫茶店に二時間も三時間もいる。師匠の話の、私が聞き手になるんですね。で、喫茶店にいるから何か食べるかというと、一鶴は全然食べないんですよ。いつもカバンの中にアンパンを入れていて、それを食べているの。師匠はそれでいいけど、私はもう、いつもお腹ペコペコで。そのへんは無頓着《むとんちゃく》な人でしたね。あるとき、『ひさびさにラーメン食いに行くぞ』って一鶴が言い出したんです。『珍しいなあ、ラーメン屋なんて』と思いましたよ。その日は定席だったから『師匠がラーメン屋さんに連れていってくれるらしい』って言いふらしました。『鶴女くんよかったじゃないか』って先生方も言ってくださったけど、行ってみたら頼んだのは一杯だけ。師匠と私で半分ずつだった（笑）」

成城学園の阿部家を出たあと、代々木上原を経て益子美は阿佐ヶ谷に引っ越している。引っ越しの理由は、家賃を払えなくなったためだ。多忙な一鶴のカバン持ちを務めてついて歩けば、アルバイトなどできるわけがない。

「阿佐ヶ谷にスクールメイツ時代の友達が住んでたものだから、そこに居候させてもらったんです。阿佐ヶ谷の、商店街の左側のほうにある細道をずっと奥のほうに行ったところでした。彼女だって、私に来られて大変だったと思いますよ。それでなんとかカバン持ちをするようになったんだけど、やっぱり食べていけなくて。一鶴に『私、講談ちょっと無理みたいで、辞めさせていただきたいんです』ってお願いしました。『どうしてだ』って聞かれたから、お金がなくてやっていけないと答えて、『いくらかかるんだ』『四万円あれば生活やっていけるんですけど』って。アパートの家賃が一万五千円だったと思うんですよね。そうしたら『わかった。じゃあ出してやる』って。驚きましたね。『ええ、ラーメンもご馳走《ちそう》してくれない人が四万円？』って（笑）。でも、それで助かりました」

一鶴は有言実行、弟子の窮状をきちんと支援してくれた。

「必死になって働いたんですよ。朝昼晩。朝昼晩働いて、やっと半年ぐらいかな。ある程度の金額が貯まったので、一鶴に言いました。『師匠、もう大丈夫です。今は働いてお金があるので。四万円ありがとうございます』って。そのときの恩はずっと心の中に秘めています。芸能生活五十年って言ったって、あのときに師匠が『四万円出してやる』って言ってくださったから、私は講談を続けていけたんですから。あのときに辞めていたら、私は普通の主婦で終わっちゃっていたはずです」

カバン持ちが主ではあったが、それでも本牧亭での前座修業もできるようになった。一九七二年にそれまでの木造から鉄筋コンクリート三階建てに代わったが、寄席内部の様子は変わらない。本牧亭は畳の上に座る戦前からの形を頑《かたく》なに守り続けた。木札を出して履物を預かる、一度見たら忘れない鯔背《いなせ》な風貌の中村勝太郎（故人）が、名物の下足番として働いていた。講談の古いファンは、みなこの本牧亭のことを懐かしそうに語る。

「客席の後ろに売店があったんです。そこに電話があったんですけど、それがときどき鳴るんですね。あれはたぶん、わざとなんですよ。電話がチンと鳴ると、私たち若手は『何やってたっけ、今』って忘れちゃう。集中力を養わせようとしていたと思うんですよね。で、お客さんの中にもいじわるな人がいて、売店に行っては『お茶ください』『煙草《たばこ》ください』ってわざと大きな声を出すんです。そんなことされたら、講談やってるほうは絶句しちゃいますよ」

講談の常連客が厳しいのは戦前からの慣わしだ。神田山陽の自伝『桂馬の高飛び　坊っちゃん講釈師一代記』（一九八六年。現・中公文庫）によれば、寝転がって演者のほうには足の裏しか見せない客もいたという。お目当ての講談師が出てきたときだけ、むっくりと起き上がって聴くのである。

本牧亭の寄席

「左側の壁のところに座布団を山積みにして、いつも足を投げ出して座っているおじさんがいたんですよ。その人はいつも寝るんです。寝ちゃうと講談師はみんな、思い切ってやる、起こそうとして（笑）。右側のほうには、やっぱり壁にもたれながらカセットデッキを持ってきて、録音している人がいました。昔のデッキって、ボタンを押すと音がするんですよ。それでテープを入れ替えたりするからカチャカチャうるさい。そういうのもみんなわざとなんですよね。ずいぶん勉強になりました。今はそんなことはなくて、お客さんがみんな、聴かなくちゃって耳を傾けてくださいますでしょう。マナーがいいですよね。昔は自由奔放なものでした」

客入りはぎっしりというわけではなく、ぱらぱらで空席が目立つというのが本牧亭の常だった。

「みんな壁ぎわにいるから、真ん中が空くんです。私たちは講談をやるとき、上下で台詞《せりふ》を分けます。目上の人は演者から見て右、下の者は左っていう風に演じ分けするんだけど、その右と左にしかいなくて、真ん中がいない。だからなのか、一鶴は講談の途中で急に立って、席をぐるぐる回ることがあったんです。もともと吃音を直そうとして南鶴先生に弟子入りした人でしょう。言葉が出なくなって、客席に下りてぐるぐる回り出した。お客さんは一鶴がおかしくなったのかと心配になるから、その後ろを追いかけますよね。次々に追いかける人が増えていくから十人ぐらいが本牧亭の中を走り回ることになる。それで十分ぐらい経ってようやく言葉が出てくるようになったので、一鶴は高座に上がって続きを読んだんです。それからは、文頭に言いづらいタチツテトがこないようにすると無理なくできるようになったそうです。危ないときは、あー、とか、えー、とか言って避けるようにする。ずいぶん工夫していましたね」

四人目の女流講談師としての覚悟

女流講談師がまだ少なく、現代であれば必要のない負担を強いられる時代でもある。はるか以前に短期間女性が入門していた時期はあったらしいが、修業をしてプロとしてやっていける女流講談師は、一九六八年入門組の翠月、琴桜が初めてだった。その後に夕づるが入り、益子美が四人目になった。彼女たちはすべて、最初は一鶴門下に入ったのである。田辺一鶴こそ、女性に対して最初に講談界の門戸を開いたパイオニアだった。しかしその時点では、女性をどう育てていくかというノウハウはまだ講談界に蓄積されていなかった。しかも一鶴は手取り足取り教えてくれるような師匠ではない。

「私、一鶴門下にいた三十一年間に四回、一鶴に辞めたいと言ったことがあるんです。最初はカバン持ち時代。生活できないから辞めると言って四万円ずつ援助をしてもらったときですね。その後に、三回。他一門の先生が『俺んとこ来ないか』って言ってくださったんですよ。別の先生も『来なさい』って誘ってくださったことがあります。それは二回ともだめだったんです。一鶴が許可してくれなかった。他の先生のところに移るのは無理だと判断したんですけど、最後にもう一度小島貞二先生にもお願いをしたんです。それでも許してもらえなかった。そこで『田辺益子美で頑張っていこう』となったんですね」

覚悟を決めたおかげで肚が坐《すわ》る。そこから田辺益子美の、本当の意味での修業が始まったと言ってもいい。

「私たちの世代は、アルバイトしてはいけないという暗黙の了解があって、特に厳しく言われていたころでした。『講談師になったからには講談で食べていかなくちゃいけないんだ』ということですよね。私はお客さんに関心をもっていただけるならなんでも試そうと思って、おかめひょっとこや南京玉《なんきん》すだれ、かっぽれといろいろ覚えたんです。パーティーの余興で呼ばれて講談をやることがあるでしょう。そうすると、お客さんたちは飲み食いして名刺交換をするのが忙しいから、講談なんか聞いてくれないんですよ。だからマクラで南京玉すだれをやって、ちょっと注意を惹きつけて講談やるとかね。でも一鶴はあまり気に入ってなかったみたい。弟弟子に聞いたら、なんか悪口を言っていたらしいんです。『あれはなんだ』みたいに。自分ではいろいろハチャメチャなこともやっていたから、『なんでも芸の肥やしにして講談をやれ』と言ってくれるかと思ったら、すごく硬くなることもあるんです。あるときはすごく真面目にしゃべるけど、次の日になるところっと変わっていたりする。だから、あまり前のことを憶えておかないほうがいいのかな、と思いましたね。なんでも初めて聞くように聞いたほうがいいのかなって。そのうちに、何を言われても、あんまり良くないことは忘れるようになりました（笑）」

現在も続けている獅子舞を覚えたのはきっかけがあった。喉《のど》を潰して、声が出なくなってしまったのだ。講談は無理でも声を出さない獅子舞なら、芸人でいられると思ったのだ。益子美は芸人でいたかった。

「一九八一年のことで、ちょうど石原裕次郎さんが入院していた信濃町の慶應病院で診てもらいました。お医者さんの言うには、のどにポリープができている、ロック歌手がよく

獅子舞をする桃川鶴女

なるもので、がんになる心配はないと。美しい声がよければ手術をすればいい。でも講談はその声を味にすればいいんじゃないですか、と。でも、万が一講談ができなくなったらどうしようと思って、声を出さなくてもできる芸に関心を持ったんです。それで国の重要無形文化財の松本《まつもと》源《げん》之《の》助《すけ》師匠の門を叩いて、獅子舞を教えていただきました。ホッとしたのがよかったんでしょうね。病は気からというか、不思議と声が出るようになりました。獅子舞は、せっかく源之助師匠に教えていただいたので、今でも大切に続けています。一鶴は、声を大きくしろ、マイクを使わず大きな声で言葉をはっきりやりなさい、って言うから、声帯が潰れちゃうんですよ。芦州先生やお弟子さんの（宝井）琴《きん》柳《りゅう》さんも潰れてますよね」

どういうものがいい声なのか、というのは語り芸の場合は難しい。高音部が響く美声もあるが、潰れたさび声をいいというお客さんも多い。自分の芸風に合った声に出会うまで、みんな喉を酷使していくのだ。

「いったん潰れてからさらに声が出せるようになりました。私、お客さん五百人のところでもマイクなしでできる声なんですよ。浪曲師の（三代目玉川）勝太郎《かったろう》師匠（故人）と福井県のほうへ一緒に仕事に行ったことがあるんです。そうしたら音響がだめな会場に当たっちゃった。都会の音響さんは慣れているけど、地方だと芸能人がたまにしか来ないし『芸人なんだからマイクなんか無くても大丈夫だろう』と思うのか、調整がおろそかになっていることがあるんですねよ。本番で、私は声が大きいもんだからマイクがピーッってなっちゃった。それで後はマイクなしで講談をやったんです。五百人入るお客さんの前で。勝太郎師匠はそれを見てたんでしょうね。主催者の方にそのあとカラオケに連れていってもらったんですけど、五曲ぐらい連続で勝太郎師匠は歌われたんです。『自分もこれぐらいはできるんだぞ』というのを見せるというか。本当にすごい人というのは言葉で褒《ほ》めちぎったりしないで、そうやって行動で示すんですよね。あの勝太郎師匠をむきにならせた、ということでちょっと誇らしかったです」

無くてはならない存在になる

益子美は一鶴にとって二十六番目の弟子になる。前述したように、自分以前の弟子は一鶴が二ツ目時代にとった人々で、真打になってからは益子美が最初の弟子だった。きょうだいの上の弟子はほとんどが移籍したり辞めてしまったりで、残っているのはすぐ上の兄弟子であった田辺鶴生（故人）ほか、ごくわずかな人々だけだ。女流のはまな翠月も、一九七九年には山陽門下に移って神田翠月と改名している。自然と益子美は一鶴と過ごす時間が多くなっていった。振り回されはするものの、益子美にとって無くてはならないのが田辺一鶴という師匠の存在だった。

「いつも一緒にいるから、本当にいろいろなことがあったんですよ。あれはカバン持ちをしているころだから、入門してあまり時間が経っていないと思いますけど、私の家に一鶴から朝七時半に電話があったんです。一鶴は私のことを益子美からとってマアちゃんと呼んでたんです。そう呼ぶのは一鶴とおかみさん、それと（田辺）南北さんと鶴生さんだけ。『マアちゃん、マアちゃん、大変だよ。隣が火事だ』『いや、そんなこと言ってないで早く逃げてください』って、当たり前だけど言いました（笑）。『じゃあ、逃げる』って一鶴は電話を切ったんです。どうなっているかな、と心配していたら、八時になったら今度はおかみさんから電話がかかってきたのね。『マアちゃん。大変なの』『師匠からお聞きしました』『いや、そのことじゃなくてね。一鶴が二階から隣の火事をバシャバシャ写真撮ってるの。それに消防士が放水しているのを止めようとしている。ご近所から顰蹙《ひんしゅく》を買っちゃう、どうしよう』って。仕方ないから、すぐ平井まで飛んでいきましたよ。それで師匠に、なんでお隣が火事で大変なときに写真を撮るんですか、放水を止めさせようとするんですか、って聞いたら、『マアちゃん、あとで現場検証っていうのをやるだろ。そのときにこの写真が役に立つんだ』って言うんです。放水を止めさせたのは、自分の家にある古本が水でだめになっちゃうからだ、と。なるほどな、と思いました」

一鶴の行動には、理由を聞けば納得できることが多かった。もちろん中には、呆《あき》れてしまうようなものもあったのだが、他人からは変に見えても本人なりに筋は通っていた。一鶴自身の発案ではないが、こういうこともあった。

「あるとき、地方の仕事に一鶴と私が行くことになったんですよ。それが屋外の仕事だったんです。例によって師匠は細かく言わないものだから、私は外でやるものだとは知らなかったの。そのとき、部屋の中で一席やるものだと思って草履《ぞうり》を持っていかなかったんですよね。困っちゃうじゃないですか。それで考えて、足袋《たび》の上にマジックで鼻緒を書いたんです。そうしたら一鶴が見て『おお、それはいいな。俺もする』って言って、自分もマジックで足袋に鼻緒を書いて、二人で外で講談をやった（笑）。足袋に鼻緒を書くなんて、そんなこと普段は絶対思いつかないけど、私もそのときは必死だったんでしょうね。それを一鶴は『いいなあ、おもしろいなあ』って言った。そういう自由さがありました」

前述したとおり、講談協会は一九七二年に分裂している。原因はさまざまだが、その一つとなったポルノ講談にも、益子美は挑戦する機会があった。新聞のテレビ欄を見ると一九七四年十月二十九日の深夜番組「11ＰＭ」は「艶芸《えんげい》パーティー」を謳い、出演者に田辺益子美の名前がある。もともと田辺一門では前座時代の小鶴（翠月）、夕鶴（夕づる）がこれを手がけていたので、前出の『アサヒ芸能』一九七四年二月二十八日号では「ポルノ講談第三のおんな」として紹介された。『夕刊ニッポン』一九七四年二月九日号のインタビューでは「母親はポルノ講談なんてイヤらしい、と反対したけど、なんでもやってみたかったの」「夕鶴さんや小鶴さんのようにジメジメしたものではなく、カラッと明るいものにしたい」などと抱負を語っている。女流講談師だからポルノ、という売り出し方は、現在では眉をひそめられるはずだ。それが公共の電波に乗る時代だった。

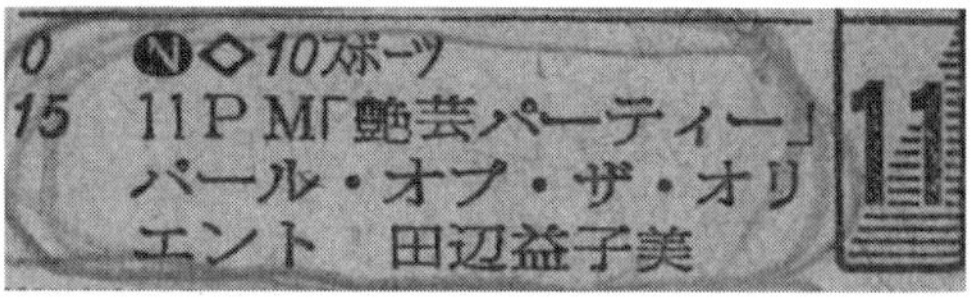
0
15
Ⓝ◇10スポーツ
11PM「艶芸パーティー」パール・オブ・ザ・オリエント　田辺益子美
11

1974年10月29日読売新聞テレビ欄

「『11PM』では、あき竹城さんと一緒に『源氏物語　夕顔の章』というのをやったんです。あの人はヌードダンサーだから私の講談に合わせて踊るんですよ。すごい反響がありました。これはもちろん勝手にやったんじゃなくて、一鶴にやってみろと言われたんです。でも、やっていたのはちょっとだけです。夕づるさんはプロダクションに入っていたからそれでどんどん売れたけど、私は入ってないですから、その路線でやらなきゃいけないわけじゃないですしね。二ツ目とか真打になったらもっと古典を勉強しなければいけないですから、それで辞めたんです」

一鶴が師と慕う小島貞二は、各界の有志に声をかけて有遊会《ゆうゆうかい》を結成している。これは笑文芸の研究を中心とした活動をするもので、会員には歌舞伎役者から大学教授に至るまで、多士済々が揃《そろ》っていた。作家・正岡容は桂米朝や大西信行などを集め、サロン的な集まりを催していたが、それをさらに大規模にしたようなものか。小島は二〇〇三年に亡くなったが、有遊会は現在も存続している。

「その中に、『どっきりカメラ』のディレクターがいらっしゃったんです。なにごともご縁ですよね。その方が企画して、『どっきりカメラ』に一鶴が出ることになったんですよ」

「どっきりカメラ」は一九七〇年代に人気のあった番組で、タレントや芸人を騙《だま》してびっくりさせ、素が出た表情を見せるというのが売りになっていた。ひとしきり驚かせた後でプラカードを持った野呂圭介が出て来て種明かしをするのがお決まりで、タレント騙しの番組がドッキリと呼ばれるように、名称が一般化している。

「一鶴は熱海の温泉旅館で講談をするという話だったんです。その客がヤクザで、喧嘩《けんか》が始まるというのがどっきりなんですよ。ついに刃物まで出てきたものだから、一鶴はびっくりして、腰を抜かしたらしいのね。その反応がウケたらしくて、話題になったんです」

好評だったためか、今度は弟子の益子美にドッキリをしかける企画が持ち上がった。

「北海道のある国鉄の駅が、あまりにも利用客がいないから廃止になると。『だからお前が講談をやって、地元の人を励ましてこい。終わったら担当者からギャラをもらってこい』って一鶴に言われたわけ。それで行ったのね。そうやって呼ばれて行くんだから、駅にあると思うじゃない、『田辺益子美さん歓迎』とか書いた横断幕とか。それで大勢の人が来てくれているのかと思ったら、誰もいないんですよ。そうしたら、次々に仕掛人が来るの。最初はマラソンのかっこうをしている人がいて、しきりに時刻表を見ている。これはどれだけ列車が来ないか、ということを視聴者に教えるためなのね。その次はおばあさんで、列車から降りてくる人をきょろきょろして探しているんですよ。その人に話しかけられたんです。『うちの娘が、さっきの列車で東京の池袋から帰ってくるはずだったんだけど、乗ってなかったの。ねえ、池袋ってどういうところ』とか聞いてくるんですよ。私は面倒臭くなって『池袋は大都会』って適当に答えました（笑）。そうやって仕掛人はみんな空振りなものだから、ディレクターたちも焦っちゃったのか、次は大勢が出てきたのね。十数人の男女が鉢巻たすきがけでやってきて『今日は講談をしに来てくださってありがとうございます。では、一席お願いします』って。それで私は『義士討ち入り』を始めたら、担当っぽい人がその人たちに千円ずつ渡して『今日はごくろうさま』とか言いながら帰り支度を始めたの。『すみません。まだ講談終わってないんです。最後まで聴いてくだささい。それとギャラをもらって帰らないと師匠に叱られます。ちょっと、待ってください』って追いかけたら、暗がりからスタッフとドッキリカメラの看板を持った野呂さんが出てきてジャンジャンでおしまい。これ、放送されてスタジオで司会の宍戸錠さんとお話ししたんだけど、なぜか気に入られて『二次会行くか』って誘われたの。でも（息子の）開さんが迎えに来ていて、そのままになっちゃった。あのとき錠さんにくっついて行ってたら、私は女優になれていたかもしれないね（笑）」

「女流」に次世代を見た山陽

講談師といえば男がなるもので、まだまだ女流は添え物という扱いの時代である。一九七九年五月二十六日、本牧亭で画期的な会が開かれる。日本講談協会会長・神田山陽の肝煎りで「女流講談会」が実現したのである。出演は、真打に昇進していたはまな翠月・天の夕づる、二ツ目の益子美と、この年二月に入門していた神田陽子、紅、紫、緑《みどり》（廃業）の四人である。二月の入門組は、陽子と紅が文学座付属演劇研究所出身、紫は劇団芸能座副座員、緑は法政大学出身で全員が新劇の役者だった。このうち陽子は直接前座見習となったが、他の三人は作曲家の岡部公甫の勧めで入門したので、最初は「ぐるーぷ・カンダーラ」なるトリオを結成してセミプロ的に活動していたが、やがて正式に入門して真剣に修業を開始した。緑を除く三人は現在も現役で女流講談師の中核として活動している。この一九七九年が、現在に至る女性活躍の原点になった年であろう。

史上初めて真打になった女流講談師は、一九七五年六月昇進の宝井琴桜、元の田辺千鶴子である。はまな翠月は琴桜よりも入門が先だが、真打昇進の順番は入れ替わった。一九

（写真上）左から田辺益子美、神田紫、宝井琴桜、はまな翠月、天の夕づる、田辺笑美（1976 年 9 月 17 日報知新聞）

（写真右）真打昇進当時の神田陽子（『講談』昭和 63 年［1988 年］9 月号）

七六年五月に天の夕づると同時に真打になっている。夕づるもすでに山陽門下に転じているので、一鶴の弟子としては翠月が初の女流真打だ。

翠月・夕づるが真打昇進を果たした際、山陽は『講談研究』に「真打について」という文章を発表し、女性真打についてはこう書いている。

――［……］つまり、従来男性の不得手な、更には不可能な描写も女性なら手ぎわよく演ずることができる。そうした講談こそ今後の女性によって開拓され、発展されなければならない。数年前からこの観点に立って、女性講談の創作と脚色を心がけ、彼女らに指導を試みたが、不満足ながら一作ごとに進歩していることは間違いないと思う。

おそらく、益子美に対して親切な指導を行ったのも、将来的には女性にも講談界を担っていってもらわなければならないという思いがあったからではないだろうか。山陽のこうした先見性が現在の講談界を形作る礎《いしずえ》となった。一九八〇年にはすみれと香《かおり》（現・香織）も加わり、山陽門下の女流講談師は八人まで増えた。同年に夕づるが廃業したため七人に減るが、一九八五年十二月にふづき（後の茜《あかね》）が入門してくるなど、女流が集まってくる傾向には変わりがない。田辺一鶴が発掘し、山陽がそれを助けたり、引き継いだりする形で、初期の女流講談師は育てられていった。途中で山陽に主導役は移った感がある。しかし、他の一門はまだ女性の採用には消極的である。宝井琴鶴（後の六代目馬琴）に一九八三年、琴葉《きんよう》（後の琴嶺《きんれい》）が入門しているが、彼女も元は俳優で、一九七六年から琴鶴の主催する修羅場塾に通ってアマチュアとして活動、その努力が認められてこの年に正式な前座として認められたものだった。四十五歳での前座修業開始である。

「女流講談師は、いつも無視されてたんですよね。別に嫌なことを言われるとか、そういういじめがあるわけじゃないですよ。でも男の講談師とは明らかな違いがあったんです。先生方は、男の講談師には一所懸命教えてくれるのに、女流はだめなんです。男は講談を背負ってずっとやってくれるだろうから、って。でも女流は、結婚したり、こどもが生まれたりしたらいつか辞めてしまうと。だから教えても無駄ってことですよね。芸の場所もそうですよ。先生方は自分の会に私を呼んでくれなかったですね。先生の会に行けば勉強になるから、使ってもらいたいんですよ。でも誰も声をかけてくれない。貞水先生に、どうして使っていただけないのか勇気を出してお聞きしたら、『おまえは派手だし、他を食っちゃうからな』っておっしゃるんですよ。一鶴は派手な人でしたから、高座でもお客さんにアピールするでしょう。それが移ってたの。私『女一鶴』って言われていたことがあるんですよ（笑）。でもそれじゃだめだと思って、いろいろな先生に教わるようにしていったんですね。山陽先生だけじゃなくて、馬琴先生、貞丈先生、芦州先生ね」

初代田辺鶴女誕生

努力の甲斐《かい》があり、一九七七年五月には同期の一陽と共に二ツ目昇進を果たした。それから八年後の一九八五年九月には、ついに真打となり初代田辺鶴女と改名する。女流としては史上四人目、一鶴が真打になってからとった弟子では初めての真打である。

この二ツ目時代に、講談界には大きな変化があった。第二章で見たように、一九七三年に講談協会は日本講談協会と講談組合に分裂、後者からはさらに退会者が出て、東京の講談界は各派が林立していた。その大合同が一九八〇年に実現し、新たな講談協会ができたのである。会長には五代目宝井馬琴がなり、神田山陽は副会長の座に就いた。

『講談研究』一九八〇年七月号にその山陽による経緯説明が掲載されている。講談をはじめ落語や浪曲などの芸能団体が属する日本演芸家連合は、理事長が四代目金馬（先代、故人）、副理事長が春風亭柳昇《しゅんぷうていりゅうしょう》（故人）であった。この二人の働きかけがあって、講談界諸師との話し合いが実現し、山陽が一歩引いて馬琴に会長の座を譲る形で合意が成立した。ここに東京の講談師はほぼ集結し、七年ぶりに元の協会が復活したのである。ほぼ、と書いたのは不参加の講談師が三名いたためで、四代目神田伯治（後の六代目伯龍）、二代目悟道軒円玉《ごどうけんえんぎょく》、八代目一龍斎貞山の三名は協会には加わらなかった。このうち貞山は後に加入が実現している。

このように、入門以来最も講談界が安定し、将来の見通しも立って活気に満ちていた時期に真打昇進が決まったのだった。

一九八〇年三月八日の「スポーツニッポン」は、「講談界にも春が来る」「真打４人誕生」「史上初の大量昇進」と吉報を伝えている。益子美以外の新真打は、琴鉄改め宝井琴星、琴僚改め宝井琴童《きんどう》（現・琴調）、神田山裕だ。山裕は他の三人と比べて入門時期が遅いのだが、講談奨励賞を受賞し「講談界の（春風亭）小朝《こあさ》」と言われた実力が買われたのだろうか。同年四月二十四日の日本経済新聞は昇進者それぞれの人となりを紹介し、「田辺益子美は鍛えた声の魅力と、気さくな性格が高座をさわやかにする」と書いている。

同年四月三十日の「朝日新聞」夕刊には講談界の構造を不安視する記事が載った。入門者が減ったために講談協会は定席に出る真打が二十二人、二ツ目六人、前座五人と下すぼまりになり、女性によって下支えされている構造になっている、との指摘である。同記事によれば、昇進者も含めて真打は女性が三人、二ツ目・前座もそれぞれ三人と下に行くにしたがって比率が高い構造なのである。女性の力がなければ講談界が立ち行かなくなる時代はすぐそこまで来ていた。

十二代目田辺南鶴への報告

そんな中、益子美は秋に迫った昇進のため、準備に大わらわである。

「真打に昇進するに当たっては、自分の師匠が一筆書いてくれて、その挨拶文と、新しい扇子と手拭《てぬぐい》。この三点セットをお礼の品としてお世話になった方にお渡しするんです。もちろん真っ先に行かなければいけないのは講談界の先生方ですよ。それも一週間かけてだらだら行くなんてだめで、一日か二日くらいでやり遂げなきゃいけない。そうじゃないと後で『俺の前にあいつのところに行っただろう』とか出てきちゃう。先輩後輩とか、そういう間柄があるから、失礼がないようにまとめて伺わないといけないんです。師匠と一緒にまわっていて、そのえらい最中に一鶴が突然、『鶴女、ちょっと江岸寺行くぞ』って言いだしたんです」

駒込の江岸寺には田辺一鶴の師匠である十二代目田辺南鶴の墓所がある。一鶴の弟子である益子美にとっては、大師匠に当たる人だ。一鶴はそこに真打昇進の報告に行こうと思いついたのだろう。ただし例によって弟子に説明はしない。

「『今は先生方のところに三点セットを持って行かなくちゃいけないんですよ、師匠』って言っても、『いいから』って。それで花を買って、江岸寺に行ったんです。一鶴がお線香を持って、私は弟子だからお花と水を持って後からついていって。しばらく墓地を歩いていたら、私気づいたんですよ。『あれ、今、この墓地を四周回ったな』って。今の私だったら強いからすぐに口に出すけど、当時は師匠にそんなこと言えない立場でしょう。だから、心の中で『四周回ってる。あれ、五周回るんだ』って呟《つぶや》いて。『師匠、どなたのお墓参りなんでしょうか』って聞いても教えてくれない。それから『また三周回った』って」

時間だけが過ぎ、あたりはだんだん暗くなってくる。

「よそのお宅を訪問するのに、あまり遅くお邪魔するのも失礼じゃないですか。本当だったら日が高いうち、三時とか四時くらいまでには行かなくちゃいけないのに、もう夕方なんですよ。それで痺《しび》れを切らして師匠に『ずいぶん回ってますけど、どなたのお墓なんでしょうか』と訊《たず》ねたら、一鶴は『お前、ここで待ってろ』って自分だけで見に行っちゃった。もうかなり薄暗いんだけど、お線香を持っているから、白い煙がひゅーっ、ひゅーっと回っているのだけが見えるんです。本当は墓地で大きな声を出しちゃいけないんだけど、私『師匠、お墓見つかったんですかっ』って聞いちゃったんです。そうしたら師匠はびっくりしたんでしょうね。『あ、あ、あ、あったっ』って言うわけ。それで慌てちゃって、急いで私のほうに戻ってきたから、せっかく見つかったお墓がまたわからなくなった（笑）。それでも、なんやかんやで見つけたの。そしたら、いきなり泣き始めたんです。『師匠。真打になって初めて取った弟子と来ました』って」

益子美の真打昇進が決まったとき、披露目興行は後輩の神田山裕と一緒に、という話が実は持ちあがっていた。提案者は神田山陽である。

「山陽先生は披露目を同時にさせるのが昔から好きなんだよね。そうしたほうが話題性があって、マスコミには取り上げてもらいやすいと思ったんじゃないですか。一九八五年というそのときは、今よりも人はいないし、講談界は低迷してましたから。山陽先生のお勧めですから、私も山裕さんと合同ということで納得したんですよ。でも馬琴先生からお電話がかかってきて、『鶴女のほうが先輩なんだから、一ヶ月でもいいから早めにやりなさい』と言われたんです。真打になるというのはそれだけの実力があるという証明だから、二人でやったのでは、それが半減して見えてしまう。『真打たる者はその力を持ってなくちゃいけないんだよ』と馬琴先生がおっしゃってくださったものだから、改めて『私は別にさせてください』と申し上げたんです。それで私は十月、山裕さんは十一月に披露目興行をすることになりました」

益子焼

真打披露パーティーは九月十二日、披露目興行は本牧亭で十月六日から十日までと決定した。益子美改め田辺鶴女の誕生である。ここからは呼び方も鶴女と改めよう。名づけ親は益子美と同じ小島貞二である。小島は「鶴女と申し侍るなり」という祝いの文章を新真打のためにしたためた。その中に名前の由来について、こう書かれている。

――［……］由来はご案内の落語「たらちね」の「たらちねの胎内を出でし時は、鶴女鶴女と申せしが、それは幼名、成長ののち、これを改め、清女と申し侍るなり」

による。むろん今までにこんな芸名はありはしない。しばらくは奇を衒《てら》ったものに映るかもしれないが、彼女の精進と明るい芸能は、やがて、鶴女の名を自分のものとし、大衆の中に認知されるであろうことを、信じて疑わない。［……］

「たらちね」は、長屋住まいの男が妻を世話してもらうが、お屋敷勤めが長かったため言葉が馬鹿《ばか》丁寧で、ぞんざいな職人との間にとんちんかんなやりとりが生じるという話だ。小島は文章の冒頭に「くれないの大和錦もいろいろの糸交えてぞ綾は織らるる」という詠み人知らずの歌を示し、一つことを成し遂げるまでの苦労という教訓がそこから読み取れると言い添えた。鶴女のそれまでの労苦を知るがゆえの配慮であろう。

「真打披露のパーティーはホテルニューオータニで開きました。それまでホテルでやった人はいなかったそうで、私が第一号です。また、男社会だからそういうときの女流真打の着物の型も決まってなかったんです。紋付袴がいいのか、振袖《ふりそで》か、誰もわからない。なのでお色直しをすることにしました。最初は袴に紋付の着物で、後半は鶴の刺繍《ししゅう》が入った振袖に着替えるんです。刺繍はお祝いにおばあちゃんが入れてくれました。そうしたら師匠が、鶴女がお色直しをするなら僕もする、と言い出して新宿の丸井でブルーの上下を誂《あつら》えることになったんです。歌手が着るような光沢のあるスーツです。お金を払う段になったら、一鶴が若い女性店員さんの前に立って、いきなりズボンのチャックを開け始めたんですよ。いつも腹巻に何十万も入れていたから、そこから出そうとして。びっくりして私

左から田辺鶴女、小島貞二、田辺一鶴

は『師匠、向こうでしてください』と言いました。それで一鶴は走っていって階段のところで十万円出してきました。そんな風に、そばで見ていないと何をしでかすかわからないんですよね」

パーティーの司会は漫談家の宮尾たか志に依頼した。落語家・三代目柳家つばめの次男で、二代目桂《かつら》小文治《こぶんじ》に入門して二ツ目目前まで修業をしたが、歌謡ショーの司会者に転じた。美空ひばりや三波春夫などの舞台で司会を務めて大いに人気のあった人である。偶然にも鶴女のパーティー終了後、九月二十八日に急逝《きゅうせい》した。

その宮尾に鶴女は一鶴のことで文句を言

われたという。宮尾の会に一鶴が出たとき、持ち時間を無視して二時間もしゃべり続けたからだ。こんこんと叱られ、鶴女は平身低頭でお詫《わ》びするしかなかった。ギャラも予定額より上乗せし、なんとか許してもらえた。

『話道』九・十月号にパーティーの模様が報告されている（以下引用は本文ママ）。

――9月12日の夜、ホテルニューオータニあやめの間は威容な興奮に包まれた。江戸消防二番組の木遣《きやり》で先頭が纏《まとい》を振り乍《なが》らの露払い。一鶴師匠夫妻と共に晴れの入場を全員拍手で迎えるうちに緊張してか、ややこわばった顔の初代田辺鶴女さんが小腰をかがめ乍ら姿を見せる。

金茶の着物、浅黄の帯、藤紫の袴、一世一代鶴女の晴姿。

師匠田辺一鶴は挨拶に声をつまらせて泣いた。師匠のその姿を見て鶴女も感激の目に涙。そしてこの夜のお祝に招かれた人々の大半が、さそわれて嬉し涙で頬ぬらす。

本牧亭社長清水基嘉夫人孝子さんの発声で乾杯、最後にお礼を述べた鶴女は心から師匠有難うございます。山陽先生、芦州先生、小島先生、阿部先生、秋月先生、宮尾先生有難うございます。と言い正面を向いて来客に深々と頭を下げた。

この夜の引出物に鶴女さんは青柳宏政画伯（日本画府副委員長）に特別依頼した特製の素晴らしいノレンを全員に配った。

何から何まで心のこもった宴げで一門の鶴生・南北の両師が終始縁の下の力持ちを勤めていたのは立派であった。

余談であるが講談関係者のパーティは今年に入って6回あったが、会費無料で祝宴を行い引出物まで心がけた鶴女さん。偉い人だと感嘆の声が会場のあちこちでささやかれていた。


このパーティーの席上で、一鶴はびっくりするようなことをやってのけた。出席者の名字をすべて読み込んだしりとり歌を、当時はまだ珍しかったワープロを使ってその場で作り、会の後半で披露したのである。このしりとり芸は、一鶴の十八番だった。

「本牧亭から頼まれて講談バスに乗ったとき、史跡巡りのしりとりを作ってお客様に聞かせています。ＮＨＫの『日本の話芸』に出演したときは『玉川上水の由来』に出てくる、羽村から四谷大木戸までの地名を書いたメクリを作ってきて、釈台の上で一枚一枚出しながら講談を進めるというパフォーマンスをやりました。そういう〈づくし〉が得意なんですよ。講談のテーマにあったしりとりはたくさん作っています。東海道五十三次、橋づくし、野菜づくし、鳥づくし、城づくし、講談づくし、歌づくし、それからいろいろ」

パーティーが終わればいよいよ真打披露興行である。昔から講談界では、真打に昇進する者は必ず二席をかけるように言われたという。

「一席はたっぷり三十分、もう一席は短くてもいいんです。そうすることで新真打として、いろいろな種類の講談ができるという証明をしなくちゃいけない。『玉川上水の由来』とか『男の花道』みたいな、一席にまとまったものを一つ。もう一席は、たとえば『三方ヶ原』や『源平盛衰記』みたいな軍談を短くやると。それで私は『源平盛衰記』を選びました。今でもみんながやる『扇の的』などを五席、最終日は『壇ノ浦』です」

嬉しいことに、蓋《ふた》を開けてみると連日大賑わいになった。五日興行のうち、四日目までが満員札止めの大入りである。十月七日の「東京中日スポーツ」は初日の模様を「この日はあいにくの雨だったが本牧亭には約百五十人のファンが押しかけ」たと報じている。

「お客さんいっぱい呼びましたよ。それで喜んでくれたのが一鶴です。四日間いっぱいになったものだからもう嬉しくてしょうがない。それはいいんだけど、あまりに喜びすぎて、一鶴は自分の持ち時間をオーバーしちゃったんです。三十分のところを一時間やっちゃった。そのせいで私、『壇ノ浦』がかけられなかったんですよ。だから、いまだに『壇ノ浦』できない（笑）。『源平盛衰記』が最後までできなくて、あれはいまだに心残りですね」

そうやって制御不能になるくらい、一鶴は嬉しかったのだろう。鶴女の手元に一つの茶碗がある。「精進　この益子焼を益子美に贈る　一鶴　五八・五・二十二」と書いてある。鶴女の真打昇進が決まったときに一鶴が誂えてくれたのだ。

一鶴が贈った益子焼は、いまでも鶴女の手元に大切に保管されている

「普段はそういうことをするような師匠じゃないんですよ。だから珍しいですし、ありがたいですよね」

本牧亭の閉場と新しい取り組み

真打として新たな船出を切った鶴女だったが、当時の講談を巡る状況は極めて厳しいものだった。一九八九年三月二十日、「読売新聞」夕刊に本牧亭が年内に閉場という記事が掲載、講談協会に激震が走った。閉場の理由は二つ、一つは経営難で、もう一つは本牧亭会長・石井英子が高齢になったため、もしもの時に備えると相続税対策として建物は売却したほうがいいという判断になったことだ。バブル経済による地価高騰が、講談界に思わぬ打撃を与えた。翌年からは四谷三丁目の四谷倶楽部を借りて、月三日間の講談興行が開催されることが発表された。興行としての「本牧亭」が形を変えて存続するのは不幸中の幸いだったが、根城がなくなる影響は講談界にとって計り知れないほど大きかった。

一九九〇年一月十日、初席の千秋楽を終えると同時に本牧亭は、半世紀余も守り続けてきた暖簾《のれん》を下ろした。翌日の「サンケイスポーツ」はこう伝える。

――この日、夜の部が開演する午後5時30分前には大通りにとどくほどの列ができ、収容200人の客席座敷は300人のお客でいっぱい、廊下にも立ち見が出た。

常連客は互いにあいさつをかわし、上機嫌でビールを飲みながらも、時折「さびしいねェ」という声も。だが、前半で神田紅ら人気女流講談師が登場すると「よっ、待ってました」と全盛の頃を思わせる場面も見られた。

「今まで、もう少しお客様が入ってくれたら終わりにならなくてすんだのにねェ」などと若い講談師が冗談まじりに話す中、最後に高座に上った講談協会会長の神田山陽は、「名人とは」をテーマに「和田平助鉄砲切り」を披露。80歳とは思えぬ張りのある声と話しっぷりに観客は心酔した。

この後、前座から真打まで全員が高座へ。山陽会長が「本当に感無量です。本牧亭とお客様がわれわれを支えていてくださいました。本牧亭は必ず立ち上がります。そのときはまたよろしくお願いします」とあいさつ。長年下足番や切符売りをしていた従業員に感謝状を渡す時になると、感きわまりすすり泣くお客や講談師も。

最後は観客と講談師全員で3本締めの手拍子で大締めとなった。
「残念です。さびしいですよ。何にも言うことはないですよ」そうつぶやいて、もくもくとたばこを口にする26年間下足番をつとめた中村勝太郎さん（八六）の小さな背中が、本牧亭講談師全員のさびしさを語っていた。

記事に登場する中村勝太郎は、この年の三月三十日に、本牧亭の後を追うようにひっそりと亡くなった。残された者たちは、努力を続ける。その中で最も当たったのが、講談バスだった。石井英子の長女である清水孝子が企画したもので、東京観光のはとバスが、講談師を案内役に史跡を巡るツアーである。

「本牧亭がなくなったあとも、新しい入門者は入ってきていたんですよ。でも、いくらネタを憶えたって、壁に向かって稽古したところで何も反応はない。やっぱりお客さんの前でしゃべらないと。ありがたかったのが、講談バスが始まったことでしたね。はとバスは日本全国からお客さんが来ます。乗るのは年配の方もいればこどもだって乗る。それはもう勉強になりますよ。東京の名所は、皇居（江戸城）、富岡八幡宮、深川に浅草、両国と、だいたい講談に関係ある場所なんです。私は月に十回ぐらい乗っていたかな。講談師の中で一番乗っていたでしょうね。すごく条件のいいお仕事で、たとえば台風とかで運行が中止になっても、ギャラはそのまま出たんです。ギャラだけもらって仕事はしなくていいって、みんな大助かりでしたよ。最初は、バスの中では名所の案内だけ、という話だったんですけど、その内に講談を一席やるようになりました。雨で外に出られないときはもう一席。この企画はバス会社じゃなくて、本牧亭が立てたものですから、月に十日寄席に出ているんだと思って誇りを持ってやっていました」

『講談研究』一九九一年三月号には、新しい本牧亭が地下鉄日比谷線入谷駅の近くに設けられる旨が報じられている。この計画は実際に進行していたようだが、条件面で折り合わずに立ち消えになった。講談定席としては月三日の四谷倶楽部公演が始まっており、一九九一年十二月には新宿永谷ホールで第三土・日曜日に昼夜「本牧亭新宿講談会」が行われるようになった。一九九二年、文京区湯島に「日本料理本牧亭」が開店、八月二十二・二十三日をこけら落としとして「池之端本牧亭」興行が始まった。

会場は分散したものの、定期公演が開けるようになったのはいいことであった。だが、一九九二年十二月八日から十日の「さよなら公演」をもって四谷倶楽部の公演は終了、主力は月五日の池之端本牧亭に移る。ここで九年半継続したが、二〇〇二年二月末で日本料理本牧亭が閉店したため、新宿永谷ホールと同じ永谷商事の経営するお江戸両国亭を借りて短期間定席は開催される。同年七月、台東区上野一丁目で日本料理本牧亭が再開し、「黒門町本牧亭」として定席も再始動する。

ここで講談界存続のために重要な役割を担ったのが、新宿永谷ホールやお江戸両国亭などの貸席を運営する永谷商事だった。不動産取引を主業とする同社は講談他の芸能にも理解があり、一九九四年には中央区日本橋本町三丁目の自社ビル一階に、お江戸日本橋亭を開場、講談協会は翌年二月からここで自主興行を開いている。さらに、一九九六年には上野松坂屋前の一等地に、一棟がまるまる寄席興行や演芸教室として使えるお江戸広小路亭ビルを建設した。五月がこけら落とし、六月からは定期興行も始まった。その代わり、新宿永谷ホールの講談会は中止された。

講談界が永谷商事と関係を築くにあたっては、鶴女が少なからず貢献している。

「ちょうど本牧亭が閉鎖になってしまうというところに、永谷商事の永谷浩司社長（当時。

二〇二三年六月逝去）にお願いしたんですよ。もちろん不動産業は立派なお仕事ですけど、よかったら日本の伝統芸能文化に関わってくださらないでしょうか、って。それがきっかけでいろいろなホールを作ってくださることになって、広小路亭も新しく建てていただけることになったんです。私が演芸の舞台はどういうものか、いろいろお伝えしたんですよ。でも、新宿は幕の色が赤と黒でアングラ芝居みたいになっちゃうし、広小路亭はちょっと舞台が高いしね。もうちょっとちゃんと話を聞いて作ってくれればいいのに（笑）。私は筋を通す人間なので、永谷社長と本牧亭の清水孝子さんとは会ってもらいました。だから一切揉《も》めてないですよ」

「女流」への自負心

本牧亭閉場からの十年は、女流講談師が市民権を得ていく過程と重なっている。

一九八八年十一月に神田陽子が昇進して史上五人目の女流真打となり、翌一九八九年十二月には神田香織が真打となって、本牧亭の建物としては最後となる披露興行が開催される。同年三月には神田山陽に昌味《まさみ》が入門している。

以降本牧亭閉場後の入門者を追ってみる。一九九〇年は一月に山陽門下に北陽《ほくよう》が入門した。本牧亭が閉場した十日のその楽屋で願い出て許されたのである。後に三代目山陽となる人物だ。その他、八月に小山陽（三代目松鯉）に陽之助《ようのすけ》（現・鯉風《りふう》）、馬琴に女流の琴時（廃業）、十一月、山陽に陽司《ようじ》（故人）が入門。一九九一年は五月に、一鶴門下に女流のあか美《み》（現・鶴英《かくえい》）・同じく美鶴《みつる》（廃業）が入った。一鶴はここまでに個人的な弟子としてチビ鶴《かく》（現・鶴遊《かくゆう》）、小《こ》むぎ（現・銀冶《ぎんや》）という男女の小学生をとっていたが、あか美は小むぎの母親である。一九九二年は四月に一鶴門下に翔鶴《しょうかく》（廃業）、七月に貞水門下に女流の春水《はるみ》、八月に山陽門下に東陽《とうよう》（廃業）、十二月に貞水門下に女流の貞友《ていゆう》が入っている。一龍斎春水は声優の麻上洋子、貞友も「クレヨンしんちゃん」のマサオくん役などで有名で、鈴木みえの芸名もある。

一九九三年は四月に一鶴に一呂波《いろは》（廃業）、一九九四年には一月に山陽にひまわり（後に神田門下を抜け、現・日向《ひゅうが》ひまわり）、二月に一鶴につる路《じ》（真打昇進後、竹林舎青《ちくりんしゃせい》玉《ぎょく》）、十一月に山陽に神田エリ（現・山吹《やまぶき》）が入門した。この四人はすべて女流だ。一九九五年は芦州に若州《じゃくしゅう》（廃業）が入門、一九九六年は入門者がなかった。一九九七年になってまた入門者が相次ぐ。八月、一鶴に女流の一邑《いちゆう》と鶴千世《つるちよ》（廃業）、一会《いちえ》（現・田《た》ノ中星之助《なかほしのすけ》)、十一月には琴梅に女流の梅星《うめほし》(現・梅福《うめふく》)がそれぞれ入門した。

一九九八年六月、一鶴に前出の小むぎが入門する。一九九九年、四月に香織門下におりね(現・織音《おりね》)、八月に山陽門下に京子《きようこ》、十二月に琴嶺門下に琴葉《きんは》(廃業)。この四人はいずれも女流である。二〇〇〇年、四月に一鶴門下に凌鶴《りようかく》と女流の一凜《いちりん》、六月に貞水門下に貞橘《ていきつ》、九月に貞心《ていしん》門下に貞俊《ていしゆん》(廃業)、十一月にすみれ門下に春陽《しゆんよう》、すみ丸《まる》(廃業)がそれぞれ入っている。六人中五人が男性というのは、この十年では珍しい事態である。

二〇〇〇年までの入門状況は右に見た通りである。この他、一鶴門下に少年講談師のチビ鶴がおり、二〇〇一年に正式な前座となっている。北陽からチビ鶴までの入門者は三十人、うち女流は十七人で過半数を超えている。二〇〇〇年に入った五人の男性がいなければ、比率はもっと上がっていただろう。女流なくして講談界は回らないという時代が到来していた。

『講談研究』編集人を長く務めた田邊孝治の文章を読むと、この流れに対する古参ファンの本音が見えてくる。一九八六年十月号「机辺雑録」では、「朝日新聞」の、女流講談師が出演すると本牧亭の客足が伸びるという記事、女性の力なくして現在の講談界はありえないという山陽会長の談話を引用して、「男性諸君！　会長にこんな発言をされて、奮起しないのか⁉『朝日』を読む限り、女にあらずんば講談師にあらずといふ時代になるぞ。だがその時は、男は〝講釈師〟になりやあいいか」と皮肉っぽくまとめている。男の牙城《がじよう》を女に奪われていいものか、というわけだ。鶴女が真打昇進したころの講談界では、女流に対する反応はこのようなものだった。

一九九九年十二月号になると大きく変化する。この時点で東京講談界は男性二十七に対して女性二十三、九年前の一九九〇年には男性二十六人の女性十二人だったのだから、前者はほぼ横這《よこば》いなのに対して後者は明らかに増加している。講談界の新陳代謝は女流によって行われていたのである。田邊は述懐する。

——四十年ほど前、私が本牧亭に通ひ始めた頃は女性は皆無だった。その後昭和四十年代後半に、今の翠月琴桜両女が入門したのだが、さすが草分けだけあって今は立派な存在になつた。それから十年ほど経つた五十年代のなかばから、急に女性がふえ初めたのである。その時期以降に講談を聴き始めた人にとつては、その時すでにそこにあつたのだからなんの抵抗もないだらうが、男だけで構築された講談を聞いてゐたわたくしはどうしても比較するから、何となく違和感が生ずる。芦州貞水馬琴の、或いは松鯉琴柳の、グイグイ押してくる迫力は例外はあってもすべての女性には求め難いと思はざるをえない。だが、もはや存在は否定できない。将来おそらく、女性だから表現できるのだといふ、従来の男性の講談とは少しく違つた世界が生まれて来るのだらう。

鶴女の世代が辛抱強く頑張ったことが実を結んだ。現在の観点からすれば、女性が講談師であることはもう当たり前なのだから、あえて「女流」を謳わずともいい、という意見もあるはずだ。しかし鶴女は、「女流」の肩書きを名乗ることには大きな意味があると考えている。

「昔はね、男の先生方は『女は講談師じゃない』って言っていたんです。女流をたくさん弟子にとった山陽先生も批判されて。私はそういう先生たちにも忠義に仕えてきたんですよね。なにしろ女の講談師は『いない』わけだから、男と同じ扱いをされる。とても厳しかったですよ。でも、今は女流を弟子にとってない先生はいないですよね。人間は変わるものだ、っていうことなのかな。だったら、私にももう少し優しくしてくれたってよかったのに（笑）。『もう女も男もないよ。一般の人には講談師って女だと思ってる人多いし、女流って名乗らなくてもいいんじゃないの』ってよく言われるんですよ。でも、私は嫌なんです。男は男のキャラクターで行けばいいし、私は私のキャラクターで戦っているわけだから、そのことをはっきりさせるために女流と名乗っていたい。翠月姉さんや琴桜姉さんは女流の一号・二号だから、男社会の中で相当苦労されたと思うんです。言いたいことが言えない場合もあったでしょうね。私は三番手、四番手だったから末っ子みたいな立場で、自分の思いを素直に言えたんです。それは姉さんたちがいたからこそで、その場にい続けることで女流講談師の立場を守ってくださっていたんでしょうね。私がどんな先生にもお話が聞けたのは、お二人がいてくださったおかげなんですよ」

二〇二三年八月に刊行された『東都寄席演芸家名鑑2』（東京かわら版）に掲載されている東京の講談師は、男性三十四人、女性四十四人で完全に逆転している。現時点で前座は十七人、男性が十三人、女性が四人で、全体とは男女比が逆である。昨今の六代目神田伯山の活躍が影響しているとも思われ、この先はまた変動する可能性がある。だが、しばらくの間は女性主導の講談界であるはずだ。女流の特質を活かしていくことは講談界全体の繁栄につながると鶴女は考えている。

「今はあまりないけど、昔は女流大会がたくさんあって、お客が入ったんです。女流は、講談をやりにくい面もあるんだけど、お客を呼ぶ力があるんですよ。そこは大事にしていきたいと思います。そのためには、女流もそれぞれ個性を出していかないと。たとえば琴桜姉さんは歴史上の女性を中心にして、現代風の講演っぽいしゃべりかたでやっていらっしゃる。亡くなった翠月姉さんは俠客《きょうかく》ものとか毒婦を演じていたから、声色を使ったんです。昔は声色が嫌がられたんです。自分の声でおじいさんからこどもまで演じ分けられるのが本当は理想なんだけど、女性の声は男性より高いから難しい面があるんですよね。私はお二人の芸風を足した感じでやっています。また、お二人は袴姿が多いけど、私はあまりつけない。対抗しているように見られるといけないので、振袖とか色紋付が多いですね。お二人のキャラクターにないようなものを私はやっていかないと、と思っていました」

この章を終わる前に、本牧亭閉場後の講談界に起きた事件について書いておかなければならない。講談界が再び分裂したのだ。一九八〇年の大合同で新たな講談協会が誕生した。だが一九九一年、五月に行われた選挙では現職の神田山陽が破れ、五代目小金井芦州が新たな講談協会会長となった。この結果に対し、選挙方法に不備があるとして山陽は異議を唱えた。主張が認められないと知るや、十月に再び日本講談協会を創設したのである。

このとき山陽は、一門の二ツ目以下はすべて新たな協会に移籍させた。真打については意志に任せたところ、神田照山（故人）・翠月の二名が講談協会に残ることになった。協会が分裂したことにより、東京講談界は全体で四十人程度とただでさえ少ないにも関わらず、さらに分かれての興行を強いられた。このことは講談人気復活のためにも、大きな痛手となったはずである。

第四章

講談の求道者・田辺一鶴

◎登場人物

田辺一邑……………一鶴の弟子の一人。
田辺東鶴……………一鶴の弟子で、ロサンゼルスに移住した講釈師。一鶴の渡米を手配する
田辺一凜……………講談大学からの入門者。現・宝井一凜
田辺凌鶴……………講談大学からの入門者
永谷浩司……………永谷商事社長。有遊会の一員

専門誌をつくる！

一九八五年十月に真打昇進して以降、鶴女は女流講談師への注目が高まってきたこともあり、忙しい日々を送っていた。一龍斎貞水や小金井芦州など、他門のベテランからも教えを受け、一本立ちした講談師としての実力をつけていく。

そのころ、師匠である田辺一鶴はマスコミの寵児として過ごした一九七〇年代とはまた違う方向に熱意を燃やしていた。講談再興のため、その礎を作るべく文化活動に総力を挙げて取り組んでいたのである。一鶴は実演するだけではなく、数多くの講談台本を書き、また先人の業績についての研究も行った人だった。そのために書誌学者なみの熱意をもって資料を集める努力も厭《いと》わなかった。

「熱心に調べてました。明治時代からの講談本を買い集めて、どの先生が何のネタを読んだかを一覧にまとめていたんです。そういう資料をいろいろ作っていました。もちろん自分のネタも一覧にしていて『田辺一鶴講談集』みたいになっていますよ。本当に勉強熱心でしたね。自分だけじゃなくて、貞水先生だったら貞水先生、馬琴先生だったら馬琴先生と、他の方も研究しましたし、もちろん大師匠の南鶴先生のことも。すべてを研究して、その上で自分独自のものを作り出していった、というような一面があると思うんです」

第二章で見たように、一鶴の師である田辺南鶴は、講談研究会運営、機関誌『講談研究』刊行、講談学校主催と三つの偉業を成し遂げた。このうち、講談研究会以外の二つに一鶴も挑戦している。

まず機関誌である。『講談研究』についてはすでに紹介したが、もう一つ定期刊行物が存在した。本牧亭が月刊で出していた『ほんもく』だ。これは来場者に配っていて、最終ページには翌月の公演番組表が掲載されていた。『講談研究』は講談史をかなり知っていないと読みこなすのは難しい内容だが、『ほんもく』は逆に初心者向けのわかりやすい誌面を心掛けていた。

「一鶴は『ほんもく』と『講談研究』をずっと見ていましたから、それで自分でも『講談』という雑誌を作ったんです。講談を世に広めるためには、やらなくちゃいけないと思ったんでしょうね。もう、凝り過ぎちゃって、創刊号では森繁久彌さんにも原稿を書いてもらっています。当時一鶴は売れてましたから、ご依頼できたんでしょうね。そういう風に、自分じゃなくて講談界のためにと思って、稼いだお金もみんな使っちゃうんですよ。自分で広告のスポンサーも呼びかけて集めていました」

『講談』は講談協会の機関誌として一九八八年四月に刊行された。定価三百五十円で年四回刊、定期購読をすると一年間で送料込千五百円になる。創刊号は全十八ページである。

表紙を開くと、見開きに森繁久彌、三浦朱門、遠藤周作、中山千夏&矢崎泰久と錚々《そうそう》たる面子《めんつ》による創刊の祝辞が並んでいる。次いで本牧亭社長清水基嘉と講談協会会長神田山陽の短い挨拶文が入る。雑誌名の「講談」という文字は森繁久彌の揮毫《きごう》だ。

「若手覆面座談会」「理事脱面座談会」などのゴシップ読物あり、講談研究家・吉沢英明による「戦後の講談界」評論、一龍斎貞心の「ぶらり講釈江戸探訪」エッセイあり、でなかなか充実している。一九八七年一月〜三月に本牧亭でかけられたネタを総記した「昼席読物帳」、講談協会会員が全員紹介される「会員銘々伝」など資料性も高い。ちなみに田辺鶴女の項は『たらちね』ならぬ『講談』の鶴女は常に笑顔を絶やさず活発な女流陣にあっていま独自の足場を着実に築いている。芸の向上と共にファンも日々増大だ。聞き物一席『生きる悲哀』と記されている。

内容は盛り沢山《だくさん》で楽しいのだが、正直に言えば読みにくい。全体的に活字が小さく、見出しも本文と同じ大きさであるため、目が疲れるのである。若者ならともかく、講談ファンの多くを占める高齢者にとっては、老眼の敵なのではないだろうか。マニアックな性格の一鶴らしく、詰め込みに詰め込んだ印象なのだが、できればもっと活字を大きくして、誌面にも余裕を持たせてくれたらいいのに、と思う。

鶴女の手元に当時の新聞切り抜きが残っている。『講談』創刊は話題になり、複数の紙誌に記事が載った。

残念ながら紙名がわからないが六月十日の新聞「映画と演芸」欄に「芸人の手で機関誌創刊『講談』――張り切る田辺一鶴編集長」というタイトルの記事が掲載されている。

一鶴は「寄席の世界で、芸人の側から出した雑誌ではのは五百年の歴史上でもこれが初めて」と語っているが、田辺南鶴の『講談研究』がある以上これは誤りである。同誌は田辺南鶴が個人的に刊行を開始したものだが、講談研究会の収益から資金を賄ったので、公的な性格はあったと見るべきだろう。ただし『講談』は講談協会の機関誌であると銘打たれており、発行人の欄にも講談協会（会長・神田山陽）とある。

この記事によれば刊行の一年前に一鶴が提言し自らイニシアティヴをとって実現させたものであるという。編集部員は六人いるが、ほぼ作業を一手に引き受けて大忙しだと書いてある。編集室の住所も一鶴の住所だ。

「ワープロは次々と機能が上がっていくからしょうがないよ。買い替えていくうちに十台になってしまった。印刷屋に手間をかけないようにフロッピーで渡すから金がかからない。文字の大きさから、行数、組み方まで全部指定したものを持って行くので、印刷屋が〝素人がやることじゃない〟とびっくりしています」（一鶴）

別紙（おそらく東京新聞）の記事には記者の文章で「何しろ年間予算が十五万円しかなく、田辺編集長は、ワープロで原稿を書く一方で、広告のスポンサー探しに走り回っている」とある。

「次号からもっと内容をよくし、ページ数も三十二ページにふやしたい。そうすれば広告

も取りやすいですからね」（一鶴）

出版界にはカストリ雑誌という言葉がある。カストリとは密造酒で、アルコール度数が高いが品質が悪いので、飲むと三合で酔い潰れる。転じて、創刊しても三号しかもたない雑誌のことをそう呼ぶようになった。

創刊当時から『講談』も三号で潰れなければいいが、と危ぶむ声はあった。一九八八年四月の創刊号に次ぐ第二号が出たのは、同年九月のことだった。季刊だから夏には出していなければならなかったのに、秋になってしまっている。第三号はそれどころではなく遅れ、一九九〇年十一月と、なんと二年二ヶ月も間が空いた。さすがに表紙から「季刊」と「年間1500円送共」の文字が消えている。

編集後記には「次号には明治の名人、桃川如燕《じょえん》師の毛筆手書き講談本『曽我物語』を入手したので、軍談鑑で紋尽くしをそのまま掲載したい」「次号からの発行は随時とならざるをえないがなるべく早くし、早い時期に定期季刊発行にしたいと編集室の立派な看板も完成して今後の発行に意欲をもやしている」と前向きな言葉が並んでいるが、ついにその次は出なかった。このへんの事情はわからないが、一九九一年五月の会長選で山陽が破れ、十月に一門を率いて退会してしまった影響も大きかったのではないだろうか。

講談協会の機関誌はこれでなくなってしまったわけではなく、一九九五年一月付で新しく『ＰＡＰＡＮ（パパン）』が創刊された。「パパン、パン」という張扇の音を模した雑誌名で年四回刊、定価は二百円である。発行人は講談協会会長の小金井芦州、編集人は講談協会だが、連絡先は宝井琴梅の住所になっている。創刊号の巻頭にはお江戸日本橋亭のこけら落としを終えたばかりの永谷商事・永谷浩司社長のインタビューが掲載された。この雑誌はしばらく続いている。形を変えて一鶴の意志は継承されたと考えていいだろう。

「講談大学」開校

講談協会機関誌編集人の座は手放したが、それで暇になったわけではなかった。一鶴は、また別の使命感に駆られて動き続けていたのである。「講談大学」開校だ。

前身は一九九〇年に開場した両国永谷ホール（現・お江戸両国亭）で一鶴が主催した「講談修羅場道場」である。その二年後、一九九二年十二月に翌年一月の講談大学、及び講談通信大学の設立を宣言、東京だけではなく地方メディアにも精力的に足を運んでＰＲ活動を繰り広げた。その甲斐あって、両校合わせて五百人を超える受講申し込みがあっ

講談大学開校式

全国43都道府県163都市から、512人を集めスタートする講談大学、講談通信大学の合同開校式は両国永谷ホールにて平成五年一月二十四日（日）十二時に行います。

一、開校の挨拶　初代学長・田辺一鶴
一、祝いの言葉　演芸作家・小島貞二
一、〃　永谷商事・永谷浩二
一、〃　下町タイムス・今泉　清

一、校歌発表　指導　作曲　敏　とし
　　　　　　　　歌　丸目鋼三
一、張扇の作り方　田辺一鶴
一、三方ケ原軍記　熱血指導　田辺一鶴
（かつては門外不出のプロ入門の修羅場です）
一、門弟模範演技　数人出演
一、応用科
　修羅場で宇宙戦艦ヤマト　一龍斎春水
　修羅場でスポーツ　田辺一鶴
一、実演高座〔英国密航〕　田辺一鶴
（課外授業として覚えて頂く生徒には台本を提供）
一、教養科　芸を習う心得　文化放送・大友一平

入学金三千円、授業料一万円（半年）

まだ入学手続きをされていない方は十一時三十分より受け付けますので早目にお越し下さい。

手続き済の会員には名札が用意されておりますので受付で貰って下さい。壁面を利用して掲載された新聞や雑誌の展示も行います。

尚、近所に大勢で囲む喫茶店がないので終了後、五時より同所にて生徒懇親会（お茶、コーヒー、みかん、京樽の五目いなり2個）を催したいと考えております。自己紹介などのほか、開校記念として学長・田辺一鶴と一対一のツーショット写真の撮影も行います。会費五百円

当日はNHKテレビ「ニュース21」日本テレビ「プラス1」の取材の他、何社かのマスコミもくる予定ですので御協力をお願い申し上げます。

一鶴修羅場道場2－09－14

1

講談大学開校式式次第

た。

単なる話し方教室ではなく、五百年に及ぶ歴史を持つ講談を学問として教え、文化振興のために供するのが講談大学の理念である。一鶴自身が吃音を講談によって克服した体験もあって、この芸能には大きな力があると考えていたのだろう。基本カリキュラムは修羅場読みを学んで講談独特の発声法を修得する「本科」、名作講談を学んで呼吸の替え方、話者の自他区別、間の取り方を知る「正科」、今は亡き名人の真似《まね》をして講談話術の奥深さを学ぶ「研究科」、短い台本を与えて講師からは一切のアドバイスなしに生徒が個性を競い合う「応用科」の四つである。成績優秀者にはプロとして活動可能な「〇鶴」の芸名を与えること、機関紙を刊行することなども公表された。

講談大学・講談通信大学の開校式は一九九三年一月二十四日に両国永谷ホールで開催された。ゲストによる祝辞の

あと、一鶴による「三方ヶ原軍記」徹底指導、修羅場道場からの生徒と田辺美鶴、田辺小むぎによる模範演技を挟み、応用科として一龍斎春水「宇宙戦艦ヤマト」修羅場読み、田辺一鶴「英国密航」などが口演された。

毎月第四日曜日が講談大学の授業日で、開始時は入学金三千円、授業料が半年間で一万円と告知された。カルチャースクールとしても決して高額ではない。通信大学は年間一万円であり、初年度には全国六ヶ所の出張講義も行われた。後には講談大学受講者の地元に一鶴が出向き口演を行う「出陣寄席」、大学よりもさらに初心者向けの「講談大学予備校」など、さまざまな派生形の試みも行われている。

『講談研究』一九九四年二月号に一鶴の「三つのお知らせ」という文章が掲載された。三つのうち一つめは、開校して一年が過ぎた「講談大学」「講談通信大学」の成果報告である。二番目は「全日本講談親睦《しんぼく》協会」について。自身の主催するものだけではなく、他の講談教室で学んでいる人、かつて講談師を目指したことがあるが別の道に転じた人などと交流の場を持ちたいという企画である。三番目は「マンション寄席」で、新宿永谷ホールのあるマンションの一室を、音響やワープロ、プリンターの設備のある小規模な会場として提供するというものだという。

一九九四年四月十六日、お江戸日本橋亭において第一回の講談親睦協会公演が行われた。協会に参加した講談愛好者が多数出演し、少年・少女の部には田辺小むぎやチビ鶴の外に、現在もアマチュア講談師として活動している玉井亀鶴《たまいきかく》氏の名前も見える。この親睦協会の参加者が出演するのがマンション寄席で、毎月第二土・日曜に公演が行われた。

労を惜しまずに一鶴が各地を巡り、優秀者の表彰なども行ったことから、ここから講談を軸にした人的交流も生まれた。親睦協会は、講談愛好者の連絡網の働きをすると同時に、一鶴の後援会のような機能も帯びた。天才にして鬼才である一鶴の考えは、従来型の思考をする人々にはなかなか受け入れられなかったが、こうした集まりを通じて理解者が増えていった。伝統的な講談界の中では異端扱いされた一鶴だったが、こうした草の根活動を通じて自らの思考を周囲に浸透させていったのである。

二〇二三年現在、講談協会に田辺一鶴出身者は十一名いる。そのうち、一九九〇年入門の田辺鶴英までが講談大学開講前、以降はなんらかの形で講談大学を経由している。

田辺凌鶴と宝井一凜は、二〇〇〇年四月に見習となり、同八月に前座として登録された同期であり、講談大学出身者だ。共に二〇〇五年十月に二ツ目昇進、一鶴の没後は、凌鶴は同門の一邑門下、一凜は宝井琴梅門下へ移籍した。凌鶴は二〇一二年十月に、一凜は二〇一三年十月に、それぞれ真打に昇進している。二〇〇〇年代の一鶴一門について、二人にも話をお聞きした。

講談大学からの若い入門者

田辺一凜は音楽系のライターとして活動していた時期に講談大学に入った。専門分野はいわゆるＪ‐ＰＯＰで、新譜が出るサイクルが非常に短い。その慌ただしさに疲れた気持ちになっていた時期に講談大学と巡り会い、まったく時間の流れが違う、百年以上前の読物がいまだに現役である世界の存在を知って、のめりこんでいった。当時、講談大学に通っているのはやはり高齢者が多く、三十歳そこそこという一凜と凌鶴は、プロになるように一鶴から熱心に勧誘されたのである。

「講談大学で教わるのは基本的に『三方ヶ原軍記』で、それだけをみっちりやるんですよ。あとは一鶴の持っている講談本をコピーして分けてくれるんです。それはマニアックなものなので、初心者にはどうすることもできないんですけど、やるなら自分で工夫しなさい、ということなんですね。でも私はもっとちゃんと教えてもらいたかったんで、もしかすると、プロになったら教えてくれるのかな、と。教えてくれなかったんですけどね(笑)。講談大学に通い始めてから一年ぐらいで講談協会入りしています。凌鶴兄さんとほぼ同時に師匠にお願いしたのが、一九九九年の年末にかかる時期でした。他の一門は知らないんですけど、田辺では十二・一月の入門は避けるんです。そうすると前座には上の先生方がお年玉配らないといけないし、それですぐ辞めた日にはお年玉泥棒みたいになっちゃうから。二〇〇〇年四月から見習として楽屋入りということになりました。師匠はあの通りの人ですから。一凜という名前も、『自分で考えていいから』と言われましたね。私はもともと演芸好きだったので、一目見て演者が女性だとわかる名前がいいんじゃないかな、と思ったんですね。それで凜の字を考えて、師匠の名前から一をもらって一凜。兄さんは凌という字を思いついて、じゃあ僕は鶴のほうをもらおうかな、と」

二〇〇〇年当時は、鶴女の頃のようにテレビ局巡りをする一鶴のカバン持ちで弟子が飛び回るということもない。基本的に修業の場は、講談協会の寄席だった。

「当時は本牧亭と日本橋亭が月二日で、あとは広小路亭が一日で計五日間。本牧亭の会場にしてもそんなに楽屋が広くないので、用もないのに来なくていいという感じだったんです。私も凌鶴兄さんも三十歳なので『別に仕事持っていて、三十過ぎて一鶴のところに入った前座なんて、一生の商売として講談をやっていく気はないだろう』という雰囲気はありました。当時はわからないんですけど、振り返ってみると、そういうことだったのかなって。そのころは女性も増えている時期で、性別というよりも、そういう理由で上の方たちから相手にされないという要素が強かったと思います。そこは鶴女姉さんにすごくお世話になりました。ご自分が同じことで苦労されているからでしょうけど、『あの子に教えてください』って頼んでくださいました」

どうすればおもしろくなるか、がいちばん

田辺凌鶴は大学職員として働きながら一九九七、八年ごろから講談大学に通っていた。凌一凜と同じように一鶴から声をかけられ、プロを目指して協会入りすることになった。凌鶴は前座時代に一鶴と過ごした時間の中で、講談師として大事なことを教えられたとい

う。

「週に一回、師匠のお宅に伺うんですが、そうするとだいたい近くの喫茶店に行くことになるんです。師匠の座るところはいつも決まっていて、座席がへこんで、ちょっと擦《す》り切れちゃってる。ご自宅から本をどさっと持って行かれて、そこにずっといるんです。僕はその向かいにいて、お話を聞いている。ときどき『最近作ったんだけど、ちょっと読んでみろ』と書いたものを渡されることもありました。そのうちに、前座としては本当に生意気なんですけど、それを拝見して『こういう風にしたらどうでしょうか』とか提案するようになりました。二十とか三十とか提案すると、そのうちの一つぐらいを師匠が試しにやってみてくださるんですよ。お客さんの反応がいいかどうか見るんです。それは弟子として嬉しかったですね。師匠は他の先生とちょっと違った面があると思うんですけど、たとえば後輩の講談師がいたとして、その人があるネタをおもしろくやっていると、師匠もそれをかけるんです。おもしろいところもその通りに。不思議に思って『師匠、他にもたくさんネタはありますから、後輩と同じものをやることはないんじゃないんですか』と聞いたら『うーん。僕のほうがもっとおもしろくできるかもしれないよ』とおっしゃるんですね。後輩のものを取るという気持ちじゃなくて、どうあっても最終的にいい講談が生まれればいいという考えなんですよ。僕も何か本を渡されて、『これを講談でやってみろ』と言われたことがあります。『もし凌鶴くんがおもしろく作ったら、僕もぜひやらせてもらうからな』って（笑）。それは冗談なんですけど、自分がいかにいい作品を作るかということにしか関心がない。そういう一般常識に囚《とら》われない態度には教えられました」

凌鶴が最初に教わったのはやはり「三方ヶ原軍記」、次に「一心太助」から「魚河岸《うおがし》の喧嘩《げんか》」、「寛永御前試合」の中から「吉岡治太夫」、もう一回「一心太助」で「旗本との喧嘩」と続いた。これは台本を教わるというよりも、いかに話を作っていくかという指導だったという。

「『一心太助』の最初は『少年講談でこんなにおもしろいものがあるんだよ』って読んでくださったんです。で、『これをやるから、ここからここまでコピー取ってこい』と。それにマーカーで線を引きながら『この文章は使う』『ここはいらない』『ここのところは、講談にこういう表現があるから使えばいい』と。そうやってだんだん台本ができていくんです。それができたら、イッカク書店に『一心太助』はいろいろ本があるから、それを持ってきて、『ほら、こんなにおもしろくないだろ』って。師匠が選んだとおりが一番、最高におもしろかったんですよね。今になって思うんですけど、何らかの話を作らなければいけないというときに、まずはバーッと全部読んで、どれを元にするのがいいかを考える。一冊あるからといって、その通りにやっていたら本当におもしろい話はできないんです。結局ネタは自分で作るしかないですから、そのやり方、自分で切り拓《ひら》く姿勢を教えてもらったという気がします。僕は師匠に『凌鶴くんは台本作家になったらいいかもしれないね』って言われたことがあるんですよ。『え、講談師じゃなくてですか』って聞き返したら、『まあまあ、講談師は当然、講談師なんだけどさ』と。とにかく台本をきっちり作れ、古典の講談も常にいちばんいい方法を追求しろ、ということだったんだと思います」

田辺一鶴は数々の新作講談を作ったことで知られる。社会の動向には常に目を配り、それ以外にも本を読むなどして知識の蓄積を怠らなかった。凌鶴が驚いたのは、ゴーストライターの書いたようなタレント本でも一鶴が関心を示したことだ。

『これを読めば、どういう風にテレビで売れている人がやっているかわかる。どんな本からも学ぶことはできる』と言うんですよ。勉強をしていない人に、一鶴は厳しかったですね。『ビデオもあるしＣＤもある。にもかかわらずああいう芸しかできないというのはだめなんだ』と言っていたのを聞いたことがあります」

一凜・凌鶴が入門したころの一鶴は、最新ニュースを台本化して読む「新聞ニュース面白講談」に熱中していた。新聞講談は、まだ識字率が低かった明治初期に、世の中の出来事をわかりやすく、おもしろく伝えてくれるものとして人気があった。一鶴は、それを一世紀ぶりに復活させようとしていたのだ。喫茶店に置かれている新聞は一日が終わると捨てられる。一鶴はそれを貰ってきて、家に保存していた。そこから新作の対象になりそうな記事をすべて切り抜いてクリアファイルに貯め、それをノートに書き写していく。

「たとえば、東スポなら東スポで、記事の文章がいいと思うと、そっくりそのまま書き写すんです。『師匠、それをそのまましゃべっちゃだめなんじゃないですか』と聞いたら『大丈夫、これ一鶴さんの身体に入るからね。入ったら違う形になるから』って言うんです。なにが大丈夫なのかはわからないんですけど（笑）。それを元にたぶん台本を作られていたんです。おもしろいのは、高座では台本に書いてあるその通りにはしゃべっていないことでした。たぶん、完全には覚えないで上がっている。『ここにはこう書いてある』というのが書いたことで頭に入っていて、それを元に『これをしゃべろう』と取捨選択していく感じですね。きっちりと練り上げてから高座にかけるというやり方じゃない場合もあるんです。それを見た先輩方が『おいおい。もっとちゃんと稽古してこいよ』なんて言っていたこともあるんですけど、今になって思うのは、完成度よりも新鮮であることを優先していたのかな、って。新鮮であればあるほどお客さんは喜びますしね。師匠はよく『ぼくの講談はね、もっとおもしろくなるから』と言っていました。弟子から見ても今一つだな、と思うようなときでも『これからおもしろくなるよ、進化するんだよ』と」

一鶴、アメリカへゆく

それまでもさまざまな新作を書いてきた一鶴は、平成に入ると日本人メジャーリーガーの野茂英雄やイチローの講談を口演して話題になった。凌鶴は『イチロー物語』を一鶴が作っているときのことを記憶している。

「『イチロー物語』のときも、やっぱり新聞の切り抜きからはじめていました。それを全部使ったかどうかわからないんですけど、その作業をやるとエネルギーみたいなものというか、一般常識の人とは違うようなアドレナリンが出て、ガーッと作っていく勢いになっていくんだと思いますね」

『イチロー物語』は、すべて口演すると二時間になるという長篇で、第一章「日米野球の交流史」から始まり、「生い立ちからのイチロー父子」「大リーグへの夢と準備」など全十六章から成るものである。この作品を完成させた一鶴に思いがけない仕事の依頼が来た。ロサンゼルスの日系共同体での公演である。日米教育問題評議会（ＵＳＪＥＣ）とカルチュラル・ニュースの主催、会場となるリトル・トーキョーの禅宗寺とモメンタム・インターナショナル後援だった。

一鶴には一九九二年に入門した翔鶴という弟子がいた。翔鶴は東鶴《とうかく》の名で一九九六年一月に二ツ目に昇進したが、本業である旅行会社で転勤を命じられ、一九九九年二月からロ

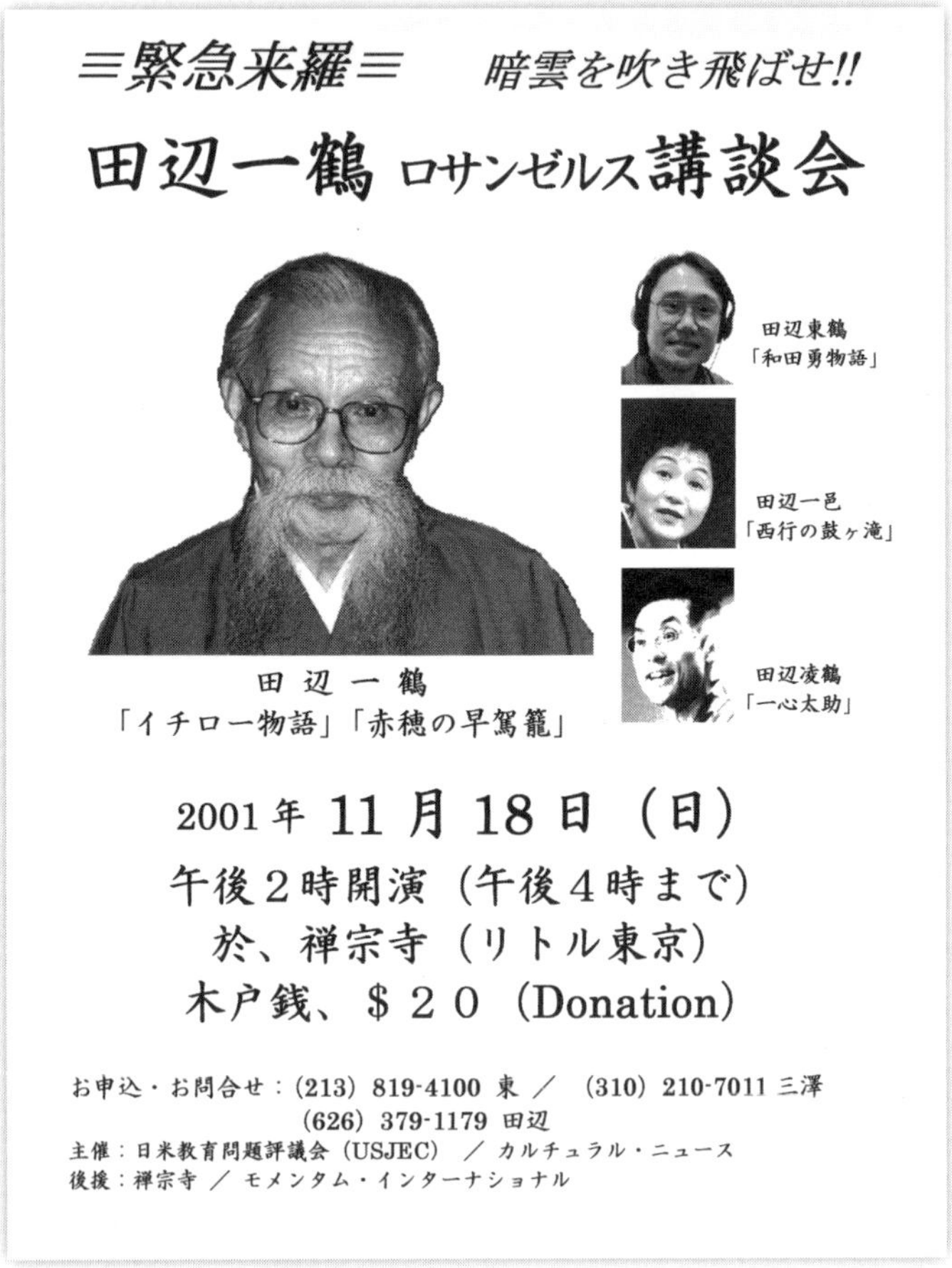
≡緊急来羅≡　暗雲を吹き飛ばせ!!
田辺一鶴 ロサンゼルス講談会
田辺東鶴
「和田勇物語」
田辺一邑
「西行の鼓ヶ滝」
田辺凌鶴
「一心太助」
田辺一鶴
「イチロー物語」「赤穂の早駕籠」
2001年 11月 18日（日）
午後２時開演（午後４時まで）
於、禅宗寺（リトル東京）
木戸銭、＄２０（Donation）
お申込・お問合せ：(213) 819-4100 東／ (310) 210-7011 三澤
(626) 379-1179 田辺
主催：日米教育問題評議会（USJEC）／カルチュラル・ニュース
後援：禅宗寺／モメンタム・インターナショナル

田辺一鶴ロサンゼルス講談会チラシ

サンゼルスに移住していた。この東鶴が渡米の手配をすべてしてくれた。

日本時間の二〇〇一年十一月十五日に一鶴は日本を発《た》ち、到着後初日は取材対応、二日目は日系敬老引退者ホームや個人宅での公演をこなし、三日目は東鶴がレギュラーを務めるラジオ・パシフィック・ジャパン「さわやかサンデー」に生出演したあと、いよいよ現地時間十八日午後二時から禅宗寺で開かれるロサンゼルス講談会である。一鶴は「イチロー物語」は四十分のダイジェスト版、他に「赤穂の早駕籠《はやかご》」を読んだ。この会では他に、前座として同行した凌鶴が「一心太助　旗本との喧嘩」、二ツ目の一邑が「西行の鼓ヶ滝」、現地在住の東鶴が「東京にオリンピックを呼んだ男、和田勇物語」を読んでいる。ロサンゼルス講談会は二回行われ、二〇〇二年の第二回には一凜が同行した。

老いてなお、つねに新作の構想を持つ

この後も一鶴は新作を熱心に書き続け、新しい試みの会を開催している。二〇〇三年二月二十六日には、お江戸広小路亭で開かれた弟子「田辺（現・田ノ中）星之助の会」において「小柴博士とノーベル賞」を読んでいる。カミオカンデによるニュートリノ観測の功

績で前年にノーベル物理学賞を受賞した小柴昌俊の業績を、わかりやすく解説した一席だ。二〇〇四年二月二十九日には、日本歌謡界に大きな足跡を残した古賀政男の生誕百年と自らの芸能生活五十周年を記念し、お江戸両国亭で講談バラエティー「古賀政男物語」を開催した。

講談台本を覚えて口にすることはボケ防止、記憶力保持にも役立つというのが一鶴の持論で、講談大学にも中途から「脳学科」を設置している。二〇〇七年には「記憶能力検定」を企画、これは世界に存在する四百七十五の妖怪を読み込んだ新作台本「妖怪お化け軍談修羅場」を淀《よど》みなく読めるかどうかで級位を与えるというものだ。

一鶴は百二十五歳まで生きると公言しており、病院にかかることもほとんどなく頑健な身体の持ち主だった。二〇〇九年二月九日に満八十歳を迎えると、翌十日に江東区亀戸のカメリアホールで記念公演「待ってました八十歳　この年でも尚進化中　田辺一鶴オンステージ」を開催、「妖怪軍談修羅場」と古典「高野長英」を熱演した。それだけに、同年末に体調を崩したときは、周囲だけではなく本人も意外であったはずだ。地元・平井の西村病院に入院してもなお、口から出るのは新作のことばかりだった。一凜はそのときのことを記憶している。

「そこから一ヶ月も経たないうちに亡くなるのに、『今度の新作はね、これを書こうと思ってるんだよ』とずっと言い続けていました。あれはすごいと思います。私は八十歳になったことはないですけど、今だってもう体力の衰えを感じるのに、そこから何十年もあのハイテンション、ハイペースで『今年はこれをやるぞ』って言い続けていくなんてね」

少し話を進めすぎた。時計の針を、若手真打として鶴女が活躍している二〇〇〇年代初めころまで戻す。

第五章

師弟の道が分かれる

皆様の御来場を心よりお待ち申し上げます。
より一層のご厚情とご支援の程よろしくお願い申し上げます。
これを機に桃川鶴女としてますます芸道精進す
田辺改メ
桃川鶴女の会
とき 平成十六年六月三十日（水）五時四十五分開演
上野広小路亭
神田照山
講談協会理事 政治講談一人者
神田翠月
講談協会理事 女流講談師第一号
一龍斎貞山
講談協会理事 平成元年 文化庁芸術祭賞受賞
一龍斎貞水
講談協会会長 平成十四年 重要無形文化財保持者（人間国宝）

◎登場人物

田辺鶴生……田辺一門の惣領弟子。一九八七年真打昇進

田辺鶴英……一九九〇年に一鶴へ入門した鶴女の妹弟子

田辺駿之介……幼少期から「チビ鶴」の名で活動した講談師。二〇〇八年に二ツ目、二〇一五年に真打昇進。現・田辺鶴遊

六代目一龍斎貞水……二〇〇二～〇六年講談協会会長。人間国宝

大きくなった田辺一門

また鶴女の「日記」から。


「本牧亭定席の出演」

洗面台の前にいる師匠の手を見ると、甲に黒い点々があった。心の中で「師匠ずいぶん年をとったなあ」と思った。高座が終り、打ち上げで喫茶店に行った。

「師匠、手に黒い点々がありますが、どうしたんですか。クリームでもつけたほうがいいですよ。買って来ましょうか」

「これはヒゲにマスカラをつけていたら、撥《は》ねて手についたんだよ」

「そうなんですか。師匠、染めたらどうですか」

「以前染めたことがある。ところがテレビでは、ピカピカ光ってあまりよくないんだ。マスカラだと、ヒゲがピィーンとはねて自然に見える。だからいいんだ」
オシャレな師匠。このことを憶えていた私は、一鶴が亡くなったとき、病院のベッドに横たわっていた師匠のヒゲが真っ白なのに気付いた。おかみさんに「ヒゲにマスカラをつけていいですか」と断ってからつけたら、テレビに映るいつもの師匠だった。

精力のかたまりのような田辺一鶴にも老いは次第に忍び寄ってくる。それと共に、鶴女との関係も少しずつ見えないところで変化していた。
マスコミの寵児として売れに売れ、講談師という存在を世間に広げることに田辺一鶴は大きく貢献した。不思議なのは、ずっと平井でアパート住まいをしていたことだ。それだけ売れていれば、家の一軒や二軒は建てていてもおかしくはないはずである。実は、一軒家を買おうとしたこともあった。

「一鶴の住んでいるアパートの隣は銀行でした。その近くには（月《つき》の家《や》）圓鏡《えんきよう》師匠（五代目。後の八代目 橘《たちばな》家《や》圓蔵《えんぞう》。故人）の御殿がありました。売れてましたから。それにもう憧《あこが》れて、自分も建てる、って言っていた時期があったらしいんですよ。それで隣の銀行にお金を借りに行ったら『芸人さんは安定してないからだめです』って言われたんですって。悔しかったんでしょうね。毎日働いたギャラを貯めるようになったら、あっという間に家が買えるぐらいにはなった。といっても、自分に貸さなかった銀行なんかに預けるのは悔しくてしょうがないから、現金で貯めていたらしいんです。それでおかみさんと家を買いに行ったんですって。腹巻の中から何千万円というお金を取り出して、銀行さんの前に差し出した。一鶴はその手を離さなかったそうなんです。一所懸命働いて貯めたお金を渡すのが惜しくなったんですかね。そのまま帰ってきた。私は見てないけど、あとでおかみさんが何度も言ってましたよ。『あの手を離してくれたら一軒家に住めたのに』って(笑)。それで結局買わなかったの」

一鶴には蒐集癖があるので、アパート二階の部屋は物で溢《あふ》れていた。宝井一凜は、その片付けをしたときのことを覚えているという。

「これも確か鶴女姉さんが言い出したんじゃないかと思うんですけど。師匠はちょっと尋常じゃない物の持ちようで、階段とかにも置いておくから、間違って踏むと転んじゃって危ない。それで片付けをしようということになりました。講談大学の日を狙《ねら》って弟子が、講談大学に行く班と師匠の家を掃除する班に分かれたんです。要は、師匠の留守を狙ったっていうことですね（笑）」

二〇〇〇年代になると、鶴女の下には多くの弟子が入ってきていた。一鶴と直接触れる行動をするのはそれらの弟妹で、鶴女は姉弟子として指示を出す立場となった。鶴女の中にも芸人としての自我が芽生えてくる。まして真打は芸人として一家を成す存在なのだから、見習・前座時代の田辺益子美とはおのずと在り様も変わってくる。

「真打昇進後は、下に十人以上の弟子がいるようになりました。そうなるともちろんカバン持ちは後輩の役目だし、師匠も弟や妹の弟子に稽古をつけるほうを優先するようになる。『鶴女はもう一人で大丈夫だ』と思ってくれていたということもあるでしょう。そうやって知らないうちに、一鶴との距離は少しずつ離れていってしまっていたわけです」

上の人間には絶対忠義を尽くすというのが鶴女の信念だから、もちろん一鶴に対する気持ちは揺るがない。自分が田辺の家のために何をできるのか、ということが常に心の中にあった。講談界復興のため身を捨てて働いた師を心から尊敬していた。

講談師として参議院議員になり、後に国立演芸場の設立にも貢献した一龍斎貞鳳は、一九六八年に『講談師ただいま24人』（朝日新聞社）という著書を上梓している。二十四人は掛け値なしの数で、全国には本当にそれだけの講談師しかいなかった。田辺一鶴はその状況に危機感を抱き、なんとかして講談師を増やそうとしていたのだ。

「私が入門したとき、講談師は三十五人でした。それからどんどん増えていった。一鶴が貢献したことは間違いない。私が二十六番目の弟子ですが、そのあとにも取って、最終的には五十人以上が一鶴に入門しました。残念ながら半分以上は辞めてしまったんですけどね。その一鶴を、他の人は誰も応援してくださらなかったですよ。『田辺一鶴は邪道だ、ゲテモノだ、女たらしだ』とか悪口を言って、足を引っ張ろうとして。幸い、一鶴は明るくまっしぐらですから、そんなことは全然気にしなかった」

惣領弟子・鶴生の死

出入りの多い一鶴一門で、長く惣領《そうりょう》弟子となっていたのは田辺鶴生であった。惣領弟子とはその一門でもっとも入門が早い者のことである。一九四四年栃木県宇都宮市生まれで、日本大学芸術学部に進むも半年ほどで行かなくなり、演劇に情熱を傾けた。劇団こまどり、櫟林《らくりん》座、市民劇場に所属、金銭にこだわらず芸術活動に打ち込む姿勢を、たびたび観劇に訪れていた一鶴が気に入り、講談の世界に勧誘した。入門は一九七三年二月で鶴女よりも半年ほど早く、一九七六年夏に二ツ目に昇進した。しかし真打昇進は一九八七年三月と、鶴女に遅れを取っている。

「もちろん鶴生さんが先になるべきなんだけど、真打の披露目には大変なお金がかかるんですよ。それで鶴生さんは師匠と相談して私に『マアちゃん、先にやってくれていいよ』とおっしゃったんです。『兄さんが先にやってくれないと私なれないよ』って断ったんだけど『いいから、いいから』って。私が今十八番としてやらせてもらっている『男の花道』というネタをくれたのは鶴生兄さんです。私が『男の花道』を好きだということを知っていたから、スッとくれた。お気持ちがすごく嬉しかったですね。その鶴生兄さんが、一九九四年にくも膜下出血になったんです。平井駅のそばにある西村病院に入院しました。手術をしないと助からないと言われて、その同意書に身内がサインする必要がある。鶴生さんは家族と絶縁していたんですけど、区役所に訳を話して探してもらったら、お兄さん夫婦が湘南にいらっしゃることがわかりました。すぐに連絡したら、来てくださったんです。それはいいんですけど、手術中に外の部屋で待っていたら師匠がそのお兄さんに言うんですよ。『私、実は鶴生に十万円貸しているんですけど』って。よりによってそんなときに言うことじゃないですよね。だから後で平謝りに謝りました」

なんとか命はとりとめたものの、別の問題が発覚した。鶴生が家賃を滞納していたため、大家から部屋を退去するよう言われてしまったのだ。やむなく江戸川区役所に生活保護相談のため出かけていったが、何もできずに戻ることになった。受付のため列に並んでいたところ、風貌が目立つ一鶴に野次が飛んできたのだ。一鶴がそれで怒りだしたため、帰らざるをえなくなった。その後で一鶴のいないときに出直し、無事に申請は終わった。

この申請は、後に別の波紋を引き起こした。一鶴は地元平井の人々をまわり、鶴生がくも膜下出血で倒れたので、なんとか支援してやってもらいたい、と見舞金を集めた。純粋に弟子のことを思ってしたことだったが、江戸川区に知れて、もしその見舞金を受け取っているようなら生活保護は打ち切るしかない、と通告された。担当の職員に呼び出された鶴女はまたしても平謝りである。どんなに非常識でおかしなことをする師匠でも、師匠は一門を守らないといけないんです。それが師匠の弟子に対する愛情の形なんです。そう訴える話を講談一席分、懸命にしゃべったところなんとか気持ちは伝わったようで、生活保護停止だけは免れた。

一ヶ月も意識が戻らなかった鶴生は、一門の弟子が交代で看病した甲斐もあってか、一九九九年五月に退院する。それに先駆けて一月二十七日にはお江戸上野広小路亭で「田辺鶴生を励ます会」も開かれている。鶴生はリハビリに励み、同年十月二十七日にやはりお江戸上野広小路亭で開催された一鶴一門会「鶴生奇跡の復帰を祝う会」に出演した。この時鶴生が読んだのは、一度死んで墓に埋められた植木職人が生き返り、暴飲暴食や不貞を戒める「蘇生」という明治時代の世話物である。

鶴生はそこから二年間、元の講談師として高座を務めた。だが少しずつ体調が悪化していく。鶴女は兄弟子のためにできることはないかと気を揉んだ。

講談協会は、巣鴨のとげぬき地蔵で辻《つじ》講釈をやるのがしばらく夏の恒例だった。揃いの浴衣を着て、野外で高座を務めるのである。その公演の帰り、鶴女は一鶴に声をかけた。

「『ちょっと話があるんですけど』って言って、巣鴨の喫茶店に行ったんです。『師匠、妹弟子の私が言うのは生意気だと思いますが、ときどき兄さんのところに行って、鶴生、がんばっているか、元気か、と一言かけてやってもらえませんか。大好きな師匠から言われたら、兄さんももう一回頑張れると思うんです』と、そう言ったら師匠は『お前が言うことじゃない』と怒り出してしまったんですよ。急に立ち上がろうとするから、ドキッとしました。でも、三十年もの間師匠は、どんなに怒っても私の言うことが正しければその通りにしてくれてきたから、私は信じていました。それで、やっぱり兄さんの家に行ってくださったんですよ。でも師匠が行ったときにはもう、鶴生兄さんは亡くなっていたらしいんです。まさか師匠が遺体を見つけることになるなんて。一緒に行ったみんなから聞くと、師匠は大変だったみたいなんです。おまわりさんが来て、『遺体を触るな』って言うのに離さないし」

思いがけず弟子の遺体を発見してしまい、一鶴は慟哭《どうこく》した。

二〇〇一年七月二十六日、鶴生は帰らぬ人となった。享年五十七である。同九月二十六日、お別れ会が永谷寄席の行われるお江戸広小路亭の四階で行われた。準備や当日の司会進行などは鶴女がすべて取り仕切った。一鶴と一門の弟子を中心に、講談協会の幹部や本牧亭・清水孝子、木馬亭・根岸京子（故人）、永谷寄席の永谷浩司など各席亭も臨席した。一門の他に出席者が五十七名。鶴生は講談師になる前は役者で、山佐圭郎の芸名を持っていた。その劇団員仲間も来てくれた。お別れ会の最後には、田辺一鶴が思い出話を語った。

鶴生の法要は一周忌《き》まで鶴女が中心となって行っている。絶縁していた家族を宝井琴星と鶴女が訪ね、祖先の墓に入れてもらえないかと頼み込んだ。その気持ちが届き、牛込柳町・南春寺にある家族の墓に葬ってもらうことができた。一周忌は、師匠と一門九人で墓参りをした。鶴女は供養のため、だんごを手づくりして持って行った。それを墓に供えようとしたとき、なぜか手が滑って落としてしまう。自分は几帳面なたちだから、よほどのことではそそうはしないのに。鶴女にはそれが、兄《あに》さんからのメッセージであるかのように感じられた。

もういいよ、ありがとう。

鶴生にそう言われたような気がした。墓参りを終えて帰る。川沿いを歩いていると、チーンという鐘の音が聞こえ、線香の匂《にお》いが漂ってきた。

こうして、鶴女は田辺一鶴一門の惣領弟子となった。

一門をまとめる重圧

男社会の中で自分が惣領弟子の立場になったことに、鶴女は内心忸怩《じくじ》たる思いを抱えていた。一鶴と鶴女の距離が近くなれば、男性の弟子は口に出さなくても反感の気持ちが湧《わ》く。それを感じても、できることは何もなかった。

「私はこういう明るく元気なタイプだから、なんか癪《しゃく》に障っちゃうんだろうね、きっと。私がシュンとしていればもっと摩擦も少ないんだろうけど。でも、心の中では気にしてるんですよ。『兄さんのほうが先輩なのに』とか『男社会なのに私が出しゃばってしまって』とかって思っているんだけど、いつも明るく元気にしてないとやってられなかったから。一九八五年に真打昇進する前は、それこそびっしり師匠と一緒にいたんだけど、十年くらいは離れていたんですよ。下に弟子も入ってきたから、南北さん、鶴英さん、東鶴、凌鶴、一凜といっぱい。だから、もう師匠のそばに私の入る隙《すき》がない時代がずっとあったんです。でも鶴生さんが亡くなったら、私が惣領弟子としてやっていかなくちゃいけない。だからみんなとコミュニケーションを取ることが大事だ、と考えました」

一門の心を一つにしようと考え、鶴女は忘年会を企画する。

「一鶴は飲み放題・食べ放題のお店が大好きなんですよ。それを知っていたから、品川区の大崎にある食べ放題のところに師匠と弟子をみんな連れて行ったんです。師匠はもう嬉しくてニコニコ機嫌よくしているんですよ。それ見ていたら私ちょっと悔しくなっちゃって、冗談で『師匠、半分出してもらったっていいんですけど』って言っちゃったの。そしたら一鶴がパッと立ち上がって。弟子十五人が、おおっとのけぞって。みんな芸人だから、オーバーなんですよ、リアクションが。あ、怒ったかな、と思ったら師匠が『トイレ行ってくる』って。みんなずっこけたの（笑）。『師匠やっぱり払う気ないですね』って笑いました」

急に田辺一門の屋台骨を背負うことになり、鶴女は大きな責任を感じていた。妹弟子の宝井一凜は、この頃の鶴女が担っているものの大きさは感じていたという。

「お姉さんは一鶴をすごく心配してたんですよね。たとえば一鶴の襦袢の襟が汚れているのを見ると、私たち前座に『ちゃんとしてあげなきゃだめじゃない。あなたたちは知らないかもしれないけど、一鶴は超有名人なのよ』って注意される。『スターとしての一鶴を守る』という意味では、一門の中でずば抜けて師匠を思っていたと思いますよ。一門の中で、『師匠の襦袢が汚れている』ということについて怒るのは、鶴女姉さんしかいなかったです。距離としては、もうお姉さんはそんなに一鶴と近くないんです。でも立場というものがありますから。私たちは『と、鶴女姉さんが言っているから』と弟子の中で申し送りする感じでした」

ほかの人間には言えない苦労も鶴女にはあった。

「あるとき、妹弟子の鶴英さんから電話があって、『姉さん、大変です。師匠が電気代を滞納していて、電気が点《つ》かなくなったそうです』って言うんです。それは私の仕事に一鶴をこっそり呼んで、ギャラでその分を払うことにしました。『はい、これ電気代』なんて渡したら一鶴のプライドを傷つけてしまう。だから仕事で払ったんです。このあいだそのときのやりとりをした葉書が出てきましたよ。『師匠、連絡が遅くなりました。当日よろしくお願い申し上げます。三鷹駅、ホテルベルモンドで総会が始まります。その後、鶴女が出て、師匠の出番となります。鶴女持ち時間は二十分、師匠は四十分でお願いします』って。お客さんはびっくりしたでしょうね。鶴女しか呼んでないのに、一鶴が出てきたから（笑）」

それから一月ほど経って、今度は弟弟子の星之助から電話があった。今度は水道が止まっているという。急には回せる仕事がなく、数日気を揉んだ末に星之助に電話をかけた。

「今どうしているのかって聞いたら、『平井駅のトイレを使っているようです』って。それでまた数日経って電話をかけたら、もう師匠は諦めて、自宅のトイレは本棚になっているって言うんですよね。びっくりしました。普通の人と感覚が違い過ぎます。でも今から思えば、弟子は十何人いるんだから、全員で千円ぐらい出したら水道代ぐらい払えたんですよ（笑）。一人で頑張り過ぎちゃった。でも、私は苦しいときに四万円を援助してもらったという恩がありましたからね。どうしても師匠には報いたいと思って。そういう気遣いはずいぶんしたと思います。講談協会の総会があるんですけど、師匠が浮浪者みたいな恰好《かっこう》で来ちゃったんです。そんな場で恥をかかせるわけにはいかないから、鶴英さんにお金を渡してシャツとか靴下とか全部買ってきてもらって、トイレで一鶴に着替えさせてね。そういう風に、師匠を守っていかなきゃいけない、かばっていかなきゃいけないと思っていました。そうじゃないと田辺派の十何人、全員だめになっちゃうって」

一時期ほどではないだろうが、仕事には困らなかったはずの一鶴が、公共料金の支払いに困っている様子というのはちょっと想像ができない。だが、好奇心旺盛《おうせい》な一鶴は、新しいものには際限なく手を出すようなところがあった。病膏肓《やまいこうこう》に入《い》った古本蒐集癖もある。あまりに本が溜まりすぎて、別に倉庫を借りなければならないほどだった。

「あるとき見たら、押し入れにパソコンが六台入ってました。思い切って師匠に言いましたよ。お金の使い方が無駄じゃないですかって。でも一鶴は『鶴女、機械というものはな、次から次と良いものが出てくる。時代に遅れるから』って。不思議と納得しちゃったんですよ。本については、『師匠、同じ本が三冊四冊ありますよね。一冊だけ残して後の三冊は全部処分したほうがいいんじゃないですか』って。そうしたら一鶴は、いきなり泣き出すんですよ。びっくりしちゃった。『命より大切にしている本を売れというのか、お前は』って。『じゃあ、余っている分は他の講談師に譲っちゃえばいいじゃないですか。みんなから感謝されますよ』って言っても『鶴女は命より大切な本を売れって言った』ってウワーッと泣いてるの。また、一鶴は泣くのがうまいんですよ。高座の上の芸でも。私もその芸を盗んでときどきやらせてもらっています（笑）」

時によっては私生活にまで踏み込んで意見をする。それが鶴女の考える師匠への忠義だった。幸い、一鶴が教えている講談大学の生徒に本の整理を頼み、滞っていた支払いも済ますことができたという。

「私は一鶴にとてもかわいがってもらってたから、忠義を尽くすことにも迷いはなかった。私が思う忠義というのは、ただ、ハイ、ハイ、と聞いているだけじゃない。師匠のためになると思えば、時には耳の痛いようなことだって言う必要があります。だから私が師匠をなだめてみたり、ちょっと忠告してみたり、いろいろなことをやりました。『師匠、あれはこうしたほうがいいと思いますよ』『あれはちょっとまずかったんじゃないですか』という風にね。弟子の分際でちょっと生意気かとは思いますけど、田辺一鶴には一流の講談師として世間に出てもらいたかったんですよ。『テレビ局にはこういうふうに言ったほうがいいんじゃないですか。服装もちょっとこれじゃあ困りますよ』とかね。脇から見れば言い過ぎなところがあるんだろうけど、師匠はそれを全部受け入れてくれていたんです。『鶴女が言うことなら大丈夫だ』という信頼関係があったと思っています」

次第に変わる距離感

鶴女は俺の言うことをいつもいいほうに、いいほうに解釈してくれるから助かるよ。一鶴から、一度だけ言われたことがあったという。益子美からとってマアちゃん、マアちゃんと呼んでくれ、水入らずの関係でワアワア言い合う日々は何ものにも代えられないほど楽しいものだった。その記憶がある限り、鶴女の一鶴に対する気持ちは変わらない。

「でも、下に弟弟子・妹弟子が十人も十五人もできると、私のことがだんだんわかんなくなってきちゃったんでしょうね。その十何人かの後輩たちは、私にも忠実なんですよ。だから忘年会も私がお金を出して、みんなでまとまろうとしたんです。田辺派が良ければ一鶴も褒められる。師匠の一鶴がもっと大スターになれば私たちも知名度が上がるっていう。そういう循環がある。私は田辺一門のことを第一に思っていたから、自分の仕事にも後輩たちを呼んでいました。それも弟弟子・妹弟子を一人ずつとかじゃなくて、五人いっぺんに頼むとか。誰かに偏らないよう、平等にやっていたんです。弟弟子や妹弟子は、それを当然一鶴に報告する。そうなると、なぜか一鶴はやきもちを焼くようになっちゃったんです。弟子たちを盗られると思ってしまった。私が師匠のものを盗るわけがないじゃないですか。何かするときは必ず上にお伺いを立ててやるタイプだし、陰で泥棒みたいな動きをするわけがない。なのに一鶴はそう思ってしまったんですね。それが私には残念で哀しいんです」

すでに、かつてのような一体の師匠と弟子ではなかった。田辺一鶴と田辺鶴女、二人の真打として並び立つ存在であり、間には距離が生じていた。だからこそ気持ちが食い違う場面も出てくる。

「私のほうにも甘えがあったのかもしれないですね。三十年もずっと一緒にいたんだから、何があっても私にはきっと怒らないだろうって。でも、いつまでも前座の益子美じゃない。上の立場ですから、弟弟子・妹弟子も『姉さん、姉さん』って私を立ててくれる。だから、ちょっとうぬぼれていたかもしれません。周りの先生方も、一鶴じゃなくて私に言うようになっていたんです。たとえば、誰か弟子について『着物のたたみ方、あいつはちゃんとできてなかったぞ』とかね。貞丈先生も芦州先生も貞水先生もみんな私のところに来るの。一鶴には面と向かって言えないことも、私になら言えるから。それで『ああ、やらなくちゃやらなくちゃ』って私もなっていました」

講談協会の忘年会は、駒形どぜうか両国のうなぎ屋と決まっていた。ある年、店に入った鶴女は、ちょっと来い、と幹部の先生方に呼ばれる。そして「鶴女、わかってんだろうな。一鶴が味噌汁《みそしる》を飲むとワカメがヒゲにつくだろ。あれを見ると俺たち、食べられなくなるんだよ。頼むから一鶴を床の間に座らせないでくれ」と頼まれた。

「だから私は、一鶴が来たらぱっと立ち上がって『師匠、鶴女の隣がいいですよね』なんて言いながら、私のほうへ誘導しましたよ。そういうのは、みなさん全部私に言うんです。『一鶴と一門がばかにされないように』って私も責任感があるものだから、ついいきがってやってしまう。一鶴にも忠告ということで厳しいことを言う。もしかすると、一鶴からしてみれば、自分が衰えて人気も落ちてきたから鶴女にまでそんなことを言われる、って悔しかったのかもしれないですね」

回帰不能点

田辺鶴英が一鶴に入門したのは一九九〇年十一月、鶴女とは十七年も間が空いているが、途中がいないのですぐ下の妹弟子ということになる。一九九一年五月にもらった前座名はあか美、一九九四年三月に二ツ目昇進して鶴英となった。鶴女が惣領弟子の立場であった二〇〇三年十月に真打となっている。二〇〇八年に名前を鶴瑛に改めたが、二〇二二年に元の鶴英に戻した。さまざまな体験を経たのち、三十五歳で入門した人で、義母の介護体験を元に「介護講談」を始めるなど、この芸に新たな可能性を付け加える才人として注目される存在だ。娘は元少女講談師の小むぎこと現・田辺銀冶である。

この鶴英の真打昇進が、一鶴・鶴女師弟の関係を決定的に変えるきっかけとなった。

「真打昇進を果たせばその披露パーティーを開くことになる。一鶴が『司会を駿之介にさせる』って言いだしたんです」

田辺駿之介は一九七八年生まれ、幼少時から芸能活動を始めて、一九八七年に田辺チビ鶴の名で一鶴の弟子となった。小学生ながら大人顔負けの講談を読むチビ鶴の活躍を覚えている人もいるのではないだろうか。二ツ目昇進は二〇〇八年、一鶴没後は宝井琴梅門下に移籍して宝井駿之介となった。二〇一五年に真打昇進し、田辺鶴遊を襲名して元の田辺派に復帰している。琴梅は元南鶴一門で、一鶴の弟弟子だった。鶴遊は琴梅の元の名でもある。

鶴英が真打昇進することになった二〇〇三年の時点では、駿之介はまだ前座である。ただし、日本司会芸能協会には所属しており、プロ芸人の資格を有していた。

「鶴遊（駿之介）さんが悪いというわけじゃないんです。でも、その時点ではまだ前座なんですよ。前座に真打のパーティーの司会をやらせるのは前代未聞なの。私がしたみたいに、宮尾たか志先生のような売れている方にお願いすれば周囲からは一目置かれる。前座にやらせたら、絶対に批判されますよ。一鶴は周囲から吊るし上げられて、それこそ一門の危機になってしまうと私は判断したのね。それで出した結論は、一鶴は気に入らないだろうと思ったんだけど、私が司会するということだったんです。鶴英さんも『姉さんにしてもらうと安心だからお願いします』と言ってくれました」

鶴女は準備を進めていく。池袋の喫茶店を一日貸し切って一門で打ち合わせをすることになった。時間を区切って、それぞれの立場の弟子を集める。

「最初は受付とかお客さんの接待する者たち。二ツ目クラスの人には外に立ってもらう。初めて来るお客さんは案内がいないとわからないし、たとえば、花が届いたときはどうするか、みたいなことも決めておく必要がある。真打クラスは真打クラスで、もう十何人いるから役割分担をしてもらわないといけない。あとは鶴英さんの知り合いにゲストとして余興をお願いしていた。その相談もあります。それで最後に、田辺一鶴の時間を取っていたんですよ。全部決めてから『師匠こう決まりましたから』と報告しようと思って。でも私、一鶴の性格を計算に入れてなかった。家で待ってなんかいられないんですよ。みんなが私と何を話すか、気になって仕方なかったんじゃないですかね。最初から来ちゃった（笑）」

そうなったら一鶴がおとなしく弟子たちの話を聞いているわけがない。

「もう進まない、進まない。自慢話をしてみたり、仕事のことを言ってみたり。全然、打ち合わせになんてならないの。一鶴のことを知らない人には想像もつかないと思うけど、立ったり座ったり、じっとしてないんだから。高座の上から寝ているお客さんを見つけたら起こしに行く人ですからね。細かい話なんてできやしない。私は『師匠は売れてすごいですね』って褒めちぎってみたり、『ちょっと大変だからあっちいってってくださいよ』って、きつく言ってみたりしたり、いろいろしたんです。でも聞きやしない。だから『師匠、打ち合わせが全然できないです。明日、改めて報告に行きますから、もう帰ってくれますか』って言っちゃったんですよね。そうしたら師匠が『俺に帰れって言うのか』って怒りだしちゃった」

どんな揉め事も、最初はこんなことで、と思うような些細《ささい》なきっかけで起きるものだ。とげとげしいやりとりが続く中で、鶴女は、心にもなかったことを言ってしまう。

『私、田辺一門を出ます』って言っちゃったんですよ。『辞めるのか。じゃあ辞めればいいよ』って師匠との間で売り言葉に買い言葉になった。私も、師匠がそんなに根に持つとは思ってなかったの。三十分も一時間も互いにワアワア言い合ったから、それで気が済んでケロッとすると思ってたんですよ。ところが、私が辞めるって言った言葉をずっと憶えて、決して忘れなかった。それだって、言い合いの中で私が苦し紛《まぎ》れに放ったんだってことは周囲の人間は全員わかっているのに、一鶴はズシッときたみたいで。そこに私の甘えがありました。それまで私は四度辞めると言って、毎回思い留まってきたでしょう。そのことを一鶴が『鶴女は残ってくれた』と思ってくださっていると考えていたんです。それで師匠に対して失礼な物言いが出ちゃったんだよね」

まさに覆水盆に返らず。感情のもつれから始まった喧嘩は、師弟の断絶を生んだ。この事態が講談協会幹部の耳に入ることになり、乗り出してくる。

「貞水会長も貞山先生も、とても心配してくれて、『形としては美しくしなさい。そうしたほうが、鶴女もこれからやりやすいだろう』って言ってくださいました。最終的には貞水会長が一鶴を上野の風月堂に呼び出して、お話をしてくださったんです。私はその場にいなかったですけど、『鶴女くんと一鶴さんは器が違う。四角と三角ぐらいの違いがある』とおっしゃってくださったそうです。師弟だけど、人間としては別々だということですよね。そうしたら、一鶴は紙と鉛筆を取り出して『あ。それはなかなかいい言葉ですね』ってメモしたらしいです（笑）。照れ隠しなのか、本当にそう思ったのか、私にはわからなかったんですけど。それで一鶴も、私の独立を認めることになったんです」

鶴は飛び立つ

独立することが決定的になったとき、鶴女は一鶴から手紙を受け取った。「誰にも見せるな」とあったので、五枚の便箋《びんせん》に書かれていた主旨は決して他人に見せるつもりがないと鶴女は言う。唯一明かせる五枚目の最後は、このような文章で結ばれていた。

——私にとって断腸の思いでした。長い間仕えてくれた実力者鶴女をひとり失うことは、新弟子10人でも、その穴埋めは出来ないでしょう。残った弟子たちが鶴女の分までもと士気を奮い立たせ芸道精進してくれと考えています。

「手紙を読んで感じたのは、私に一鶴は『これからの人生は田辺一鶴のこと、田辺一門のことを考えるのではなく、一人の講談師として頑張れ』って言ってくださったんだな、ということでした。それは貞水会長や他の先生方からも言われました」

以上は、桃川鶴女の側から見た顚末《てんまつ》である。前座として当時一鶴に近いところにいた田辺凌鶴には一連の事態が、また違った形に見えていた。一鶴には鶴女が、他の新弟子とは、うまくやっていけていないように思えていたというのである。

「その年の十二月二十八日、薬研堀辻講釈の後で、今はもうない浅草橋のマクドナルドに一門で行ったんですけど、そこで一鶴から『鶴女くんには一門を離れてもらうことにしたから』と発表がありました」

件《くだん》の手紙を書いている一鶴を凌鶴は目撃しているが、その内容まではもちろん見ていない。鶴女が一門を離れることについて、貞水会長が間に入ったことも知っているが、一門の他の弟子に対して、一鶴から詳しい説明はなかったと凌鶴は語る。

「師匠は最初、『本名の菊地という名前で講談をやればいいんじゃないか』みたいに言っていたんです。それは無茶苦茶なんですけど、よくよく聞いてみると真意は、『自分一人で一門を作って、弟子を取り、後輩を教育するのはどれだけ大変なことかをわかってもらいたい』ということだったと思うんです。そのことを師匠は、繰り返しおっしゃっていました。一鶴はとにかく、和というものを大事にするんです。たとえば弟子が誰かの悪口を言ったとしますよね。そうすると話題を変えるんです。悪口には絶対乗ろうとしませんでした。そういうところは本当に素晴らしかったと思っています」

一鶴の考える一門観と、鶴女のそれとが少し食い違っていたのかもしれない。鶴女が考える一鶴は、講談界のためになくてはならない人で、一門のものというよりは、全講談界のものだった。鶴女はそのことを噛みしめながら言う。

「講談界発展のために一人でも多くの継承者を残したい、というのが一鶴の動機だったと思うんです。自分の門下として弟子を育てるというのは二の次で、とにかく講談師が百人、二百人になればいい。だから教えることも育てることも下手だけど弟子を取り続けたんです」

鶴女が一門から離脱するということを聞かされて、一凜は心底驚いたという。それまで予兆はまったく感じていなかったからだ。

「前座ですから師匠のそばにはいますし、その立場から俯瞰《ふかん》的に見て感じることと、等身大の鶴女姉さんが感じていらっしゃることには多少の温度差があるな、とは思っていました。やはりお姉さんは苦労されたんですよ。師匠に対しても『弟子を取るんだったら、なんとかしてあげてください』と意見をする。お姉さんは一鶴が弟子に細かいことをあれこれと教えない人だということをよくわかっていますから。それでも師匠は動かないから、仕方なくお姉さんが私たちに講談界のしきたりはこうで、芸人としてのふるまいはこうしなければいけないんだ、と教えてくださることになる。そうすると、鶴女お姉さんはときどき、厳しいことも言われるんです。それを師匠がたまたまご覧になる機会があると、『僕の弟子に何をするんだ』という考えになっちゃうんですよ。『もし辞めるようなことでもあったらどうするんだ。僕には僕の方針があるんだぞ』みたいに思われるところも師匠にはありましたから。そういう積み重ねはあったのかな。ただ折り合いが悪くなっているという雰囲気ではなかったです」

いよいよ桃川に改名する直前、鶴女は駒込の江岸寺を訪れた。大師匠である田辺南鶴の墓がある寺、真打の挨拶で回っている途中に、一鶴に連れられて初めてやってきた、思い出のある場所である。

「大師匠のお墓に手を合わせて『私は桃川に移りますので、もうお墓参りには来られなくなります。これまでありがとうございました』とご報告しました。そこにたまたまご住職の奥様が来られたんですね。ご住職と奥様は田辺一鶴をずっとかわいがってくださっていた方なんです。経緯をお話ししたら奥様は『一鶴さんはきっと、あなたにきついことをわざと言ったんだと思う』とおっしゃいました。そうじゃないと、鶴女はいつまで経っても一鶴のこととか、一門の弟弟子、妹弟子を守ろうと一生懸命になるから、ここで突き放さないと鶴女は大きくなれない、と思ったんじゃないかしら』と。それで心が安らぎました」

すでに二人とも真打になったばかりの田辺一鶴と入門ホヤホヤの田辺益子美ではない。真打としてそれぞれの立場を一鶴と鶴女が築いてしまった以上、昔の関係にはもう戻れなかった。鶴女が独立して距離を取るのは、このときできた最善の選択だったのではないか、という気がする。

こうして二〇〇四年四月より、桃川鶴女が誕生した。だが、そこに行くまでにもう一山があったのである。

久々の亭号「桃川」復活

「私、いきなり田辺から桃川鶴女になったんじゃないんですよ。みなさん一人になった私を応援してくださったんですけど、田辺を出ることになった後、定席に行くたびに『名前考えたか。亭号はどうする』って聞くんです。貞花《ていか》先生も、貞心先生も、琴梅先生も、琴柳さんも、琴調さんも、琴星さんも、とにかくみんな。田辺じゃなくなったから確かに亭号を考えなくちゃいけない。私は持ち歩いているノートにずっと書いて、考えていたんです。本名が菊地だから、菊川はどうか、とか。それを『こんな風に考えたんですけど』ってみなさんに見せていたの。そうしたら、三月ごろに講談協会の総会があるんだけど、そこでは名前が桃川鶴女になってた。貞水会長が『桃川でいいだろう。江戸時代の亭号が復活するということでいいじゃないか』とおっしゃって、誰も反対は出なかったですね。要は試されていたんですよね。私が自分の名前と亭号をどれだけ真剣に考えていて、後に受け継いでいく姿勢があるかと。それを先生方に見られていたんですよ、半年間。そのことに感激する部分と『ええっ』という気持ちもあります。こっちは高原にポーンと一人で投げ出された心境だったんです。みんなに『ああ、勝手にやれば。知らんぞ、こっちは』と無視されていたんだ、と。そうしたら実は、みんな陰でちゃんと考えてくれていたわけ。馬琴先生も貞丈先生もみんな。みんな演技していたんですよ。ドッキリですよ（笑）。でも嬉しいですよね。私がどういう気持ちでこれからやっていこうかを見守ってくれていたわけでしょう。自分の兄弟弟子でもないのに、一人の講談師を気にしてくれるなんてことは、あんまりないですから。みんな自分の講談をするので精一杯のはずなのにね」

桃川の亭号は、一八三二（天保三）年生まれの杉浦要助が伊東燕国に入門して講談師となり、一八七四（明治七）年に桃川如燕を名乗ったのが始まりである。その後も名跡は存続していたが、三代目如燕が一九五七年に五代目神田伯山を襲名した後は継承者は現れず、亭号も二〇〇一年十月二十三日に桃川燕林《えんりん》が亡くなった後は絶えていた。桃川復活が講談協会にとって喜ばしい事態であったことは想像に難くない。

弟子から、ライバルに

「私が田辺派を出たことで周囲は、『破門された』だのなんだのいろいろ無責任に騒ぎ立てたんです。でも円満に出たんですよ。桃川になったあと翌々年、二〇〇六年に一鶴から年賀状をもらったんです。その宛先《あてさき》にはちゃんと『桃川鶴女先生』って書いてある。認めたっていうか、一人の真打として私を立ててくれたってことですよね。そういう風に、私と二人で話しているときにも言ってくれたらよかったのに（笑）。先輩に年賀状の話をしたら、『ハガキが余っていたからじゃない』と言われました。私はなんでもすぐマジになって考えるから、そう言ってくれたんだと思います。その気持ちが嬉しかった」

一鶴がそれを簡単には言えないからこその鶴女独立だったのだろう。二人の関係には、他の人間には窺い知ることのできない部分が多かった。鶴女は改めて振り返る。

「一鶴はある時期から、私をライバル視し始めたような気がします。こっちもがんばっているからどんどん仕事が増えていくでしょう。また、派手だから印象に残るじゃないですか。そういうことが気になっていたみたい。私からすれば、田辺一鶴なんてすごいのになんで師匠はそう思うのかな、という気持ちですよ。ある先生が一鶴に『鶴女に仕事を頼みたいんだが』って言ったら『弟子じゃなくて僕にください』って言ったらしいの（笑）。これは貞水会長にも言ったんですけど『私をライバル視するんじゃなくて、市川團十郎さんとか、松本幸四郎さんとか、貞水会長とか、（立川）談志《だんし》師匠とか、同じ時代のもっと凄《すご》い方と闘ってもらいたい』って。何があっても師匠は師匠、弟子は弟子なのに。なんで私ごときを気にするんだって、思ったことがあったんですよ。これは複雑な気持ちで、言葉にしちゃうと、なんかうぬぼれているように聞こえそうだし、天狗になっているって言われるかもしれない。もしかすると、師匠に対して失礼なことを言っているって思う人もいるかもしれないですよね。そういう複雑な気持ちが私の中にずっとありました」

世間の人が抱く田辺一鶴像と、傍《かたわら》で接しているからこそわかる師匠の姿は違うのだと鶴女は言う。

「いまだに一鶴っていう人は不思議だなと思いますよ。あるときはこどもみたいに純真になる。別の時には、これぞ男っていう感じでわがままなことをするし。いろいろな人に『一鶴さんってどういう人だったんですか』って聞かれるけど、だいたい『こどもみたいな、何事にもまっすぐな師匠だった』と答えるんです。それをもうちょっと細かく言うと、良い人と出会うとお互いに良い関係になれるんですよ。でも芸人は何万という人と会うでしょう。そうすると中には悪い人もいっぱいいるの。『一鶴を使って金を稼いでやろう』とか考えているね。そういう人に当たると一鶴は散々な目にあうわけです。本人は純粋な気持ちで講談のためになろうとしているのに、悪口を言われたり、芸についてあれこれ言われたりね」

存在として巨大であったから、虚像も多く出回っている。誰もが知る一鶴像は、最大公約数ではあるものの、それだけでは語りつくせないものがある。近く接したからこそ理解できた田辺一鶴の素晴らしい部分を、多くの人に知ってもらいたい。その気持ちが、桃川鶴女を強く動かし続けている。一鶴との関係は、今だからこそ見える部分も多々ある。

「私と師匠って、相性はどうだったのかね。喧嘩をしているんだけど、なんとなく気が合うっていうのか。なんか師匠も付き合いやすい相手だと思ってくれていたとは思うのね。不思議な師弟の間柄だったと思います。ずっとかわいがられて、私も有頂天になっていた。そこは反省しなければならないことです。『私だけの師匠』と思ってきたけど、弟弟子、妹弟子もいっぱいいて、私だけの田辺一鶴ではなかったんですよ。益子美時代の気持ちが、ずっと続きすぎてしまったんだろうな、と思うんです。山陽先生のところに通ったときと同じで、もうちょっと身を引けばよかったのかな。いつも親と思って接していて、師匠は他の弟子の世話もしなければいけないのに、私が入り込みすぎたのかもしれないです。弟子を多く取って講談界発展を考えていた師匠の大変さを、わかってあげられていなかった」

独立するときに、一鶴から言われたことがある。

「『鶴女、談志師匠はすごいんだぞ』っておっしゃるんです。『談志師匠は（柳家）小《こ》さん師匠（五代目。故人）のところを出た。出るというのは大変なことだ。みんな誤解して『破門された』とかいろいろ言うけど、談志師匠は一人の立川談志になった。小さん師匠の弟子の談志じゃなくて、一人の談志という芸人を作り上げた』って。そうは言わなかったけど、『だからお前もそうなってくれ』みたいに、わざと出されたような気もしています」

一人立ちし、桃川派としての道を歩き始めた鶴女だったが、やはり一鶴の下から離れてしまった落胆は大きかった。明るく振る舞っていても、心の中でその気持ちを引きずる日々は続いた。

「師匠と喧嘩してしまったことは事実でしたからね。ある時期から私は一鶴のことを『先生』と呼ぶようにしていました。もう師弟じゃなくて、同じ講談師同士の間柄、あちらは大先輩、ということですよね。それは桃川に移ったときから始めていて、しばらくずっと。そうしたら貞水会長に呼び出されて『鶴女、もういいんじゃないか』って言われたんです。おまえの気持ちはわかった。でも、師弟というのは、喧嘩をしても、さらには亭号が替わっても、師匠は師匠、弟子は弟子なんだぞ。恩は恩だぞ、っていうことだと思うんです。あの先生はあまり多くを言う人じゃないので、私が感じ取るしかないんですけど。そこは人間国宝のすごいところなんですよね」

別々の道を歩んでも目的地は同じ

現在の鶴女は、演じるだけではなくて新作講談の台本も書く。二〇〇九年に一鶴が亡くなった後から、書き始めるようになったのだという。

「台本を書いてみて感じるんですけど、私がネタをやるときの八〇パーセントは田辺一鶴式なんですよ。最初にマクラを、ちょっと長いなってくらいしゃべるんです。それで徐々にお客さんの心を惹きつけてから本題に入る。居眠りしている人とかいるし、私がしゃべっているのにトイレに立つ人もいるじゃないですか。そうしたら『あ、どこ行くんですか』とかやるんです。それは一鶴のやり方なんですよね。本題に入ってお客さんが、『なんかあんまり理解してないな』と思ったら『今どこまで来たかわかりますか。わからなかったら巻き戻しましょうか』って聞いてみたり、自分が忘れたふりをして『あ。次、何でしたか』と訊ねたりね。一鶴もそういう風に脱線したんですよ。そこで笑いが来たり、シリアスな話の休憩になったりする。それが八〇パーセントで、残りの二〇パーセントはもうバーッと行く。もう泣かせるほうに持っていっちゃうんです。人情噺だと、やはり泣いてもらわないと困りますよ」

二〇二二年夏の講談まつりに出演した鶴女は、他の先生方が古典ネタを読む中で、自作の新作「阿波踊りの由来」をかけた。初代阿波藩主・蜂須賀小六が徳島城を築いたときの物語である。

「蜂須賀侯は徳兵衛という棟梁《とうりよう》の力を借りて城を作ったんですけど、いざ完成という時になって、聞くんですね。その棟梁に『この城の名前をなんとつける』って。『徳兵衛が作った城だから徳兵衛城というのはどうじゃ』。『徳兵衛、涙が出るくらい嬉しゅうございます。蜂須賀家に最後のご奉公ができました。徳をもって治めていただきたいので徳島城ではいかがでしょうか』と。そこから泣かせる展開に持っていくんです。殿様が城に大工の名前をつけるということは絶対にありえないわけで、だからほろっとくるんです。蜂須賀侯は棟梁の人間性を素晴らしいと思っているから、あえて徳兵衛城にしようとする。その人間関係を表現したいんですよね。そうしたらお客さんに後から『阿波踊りなんて賑やかしで騒いでるだけかと思っていた。そういう歴史があって続いているものだということを初めて知った』って言ってもらったんですね。そういう話作りは一鶴の教えを受けた部分が大きいですね。あとはやはり山陽先生です。現役では（宝井）琴星さんが上手いですよ。四ヶ月だけあっちが先輩なんだけど、ほぼ同期。琴星さんに教えてもらったことは勉強になりました。長い話を短くするのは難しいんですよ。一時間ばっちり聞かせれば、そりゃお客さんだって感動させられるだろうけど、それを二十分には縮められない。どうしても良いところを削ることになるから。よほどの腕がないと感動まではいかなくて、ただストーリーを聞いたってだけになってしまいますね」

師の足跡を丁寧になぞりながら、他の先達から教えを受けたことをそれに加え、鶴女の講談道を作ってきた。それは途中で田辺一鶴と別れてしまったが、まったく違っているわけではない。師の道と自分の道とは別だが、同じほうへと向かっている。その上を、鶴女は歩き続けているのである。

第六章

風雲児田辺一鶴天に還る

◎登場人物

二代目神田山陽…………一九九一年に第二次日本講談協会を設立。二〇〇〇年没

田邊孝治…………雑誌『講談研究』編集兼発行人

小島貞二…………評論作家。二〇〇三年没

老いてますます意気軒昂《けんこう》

二〇〇六年七月号をもって長く続いた『講談研究』が休刊した。編集兼発行人になっていた田邊孝治は一九二八年八月生まれで、体力の限界を感じていた。七十八歳になる前月、七十七歳の七月に幕を引こうということで突然の発表になったという。田邊は一九二九年生まれの田辺一鶴とは一歳違いだった。『講談研究』は一鶴の恩師・田辺南鶴が創刊したもので、その遺児と言ってもいい。一鶴は田辺派を継承し、田邊は『講談研究』を引き受けた。二人は近い間柄ではなかったが、田辺南鶴の後継者という意味では立場が同じだった。

その田邊の『講談研究』が先に休刊した。最後の刊行となった二〇〇六年七月号には、翻訳家で演劇・講談研究家、阿部主計《あべかずえ》の訃報も掲載されていた。『講談研究』にも長く寄稿していた人で、九十七歳で亡くなるまで講談を愛し続けていた。

講談と一鶴を巡る、さまざまなもの、人がこの世から去っていく。第一次日本講談協会で一鶴を同志と呼んでくれて行動を共にした二代目神田山陽は二〇〇〇年に既にこの世を去っており、三代目を弟子の北陽が継いでいた。二代目山陽を講談協会会長選挙で破った六代目小金井芦州は二〇〇三年六月に、その芦州から会長職を受け継いだ六代目一龍斎貞丈も同年十月に、それぞれ亡くなっている。神田派の重鎮である六代目伯龍も『講談研究』が休刊した二〇〇六年の十一月にこの世を去った。

田辺一鶴は元気である。百歳までは絶対、ひょっとしたら百二十五歳まで生きる、とこのころの談話でしばしば言っている。田辺凌鶴はそんな一鶴の姿を近くで見続けていた。

『後の（講談師の）人たちは僕より先に死ぬかもしれない。貞水、琴梅、貞花、貞心、貞山。みんな病気になって、あんまり健康じゃないからね』みたいにおっしゃっていました。確かに、皆さんちょこちょこお休みはされるんですよ。体調悪くなったり、手術をされたりして。でも、後から考えると、そうした先生方は大病をしたあと、定期的に検診されていたんですよね。メンテナンスをされていたんです。うちの師匠はずっと病院に行かなかったんですよ。健康診断すら行ってない。お酒は飲まない、タバコも吸わないということで健康には自信があったんでしょうね。ただ、コーヒーを飲むときは砂糖をたくさん入れるんです。四本とか入れてましたね。弟子は、砂糖の袋を途中でつまんで、加減して入れたりしていたんです。でも、そうすると『ん、ちょっと足りないな』とか言って、師匠はもう一本入れちゃう（笑）。『頭使ってるんだから、甘いのは摂ったほうがいいんだよ』ってことだったんですけど」

一凜も、一鶴の健康にはまったく不安を抱いたことはなかったという。

「一鶴が、『一凜くんや凌鶴くんは大丈夫だけど、銀冶くんはどうかな』って言ったことがあるんです。これ、師匠の言葉を翻訳すると『一凜くんや凌鶴くんの葬式には出てあげられるけど、銀冶くんの葬式はさすがに出られないかな』っていうことなんですよ。私や凌鶴兄さんよりも自分は絶対長生きするけど、そのころまだ二十代だった銀冶さんには勝てないかもしれないという。『僕はそのくらい長生きするから』って、ずっと言ってましたね」

前々章に書いたとおり、八十歳の誕生日を迎えた一鶴はその翌日に記念公演を行った。二〇〇九年には公演の予定が多数入っていた。その中には、四月から九月まで横浜開港百五十周年を記念して行われる「開港祭Y150」に、横浜港の歴史を調べて講談で演じてもらいたいという依頼も含まれていた。話があったのは三年前で、横浜にぎわい座初代館長・玉置宏（故人）の推薦だった。一鶴はますます意気軒昂である。

『ＫＩＲＡＣＯ』というミニコミ誌がある。習志野市で刊行されていたもので、地域文化の情報を発信する内容になっている。ここに一鶴は連載を持っていた。誕生日を迎えた直後の一・二月号は「祝八十歳のオンステージ」という文章が掲載されている。

――八十歳を迎えて、これからがホントの田辺一鶴の本番がスタートするのだ！　いままでの五十五年間は修行時代だったんだ。たっぷりとった充電のための年月だったのだと考えております。

今最高の充実期。すべてが絶好調の上り調子、幸せ過ぎて涙がこぼれそうでなりません。

これから九十歳までの十年間は、健康が維持出来て、いま考えている夢ノートが、すべて実現できる、そして九十歳を迎えた辺りで私の評価が決まるとプラス志向で考えております。

同じく九・十月号には「準備に大わらわ　芸能五十五年の歩み展」と題し、十月三日から十二月十三日まで、すみだ郷土文化資料館で所蔵する芸能資料の展示を行うことになり、その準備に追われているという話が書かれている。刊行は九月一日なので、おそらく執筆したのは七月から八月初旬だろう。

お天気でとても良い日

一鶴の体に異変が起きたのはちょうどそのころ、二〇〇九年七月のことだった。

「足が腫《は》れ出して、すごいむくみかたをするようになったんです。弟子はみんなして『師匠、病院行ってください』ってお願いするんですけど、全然行ってくれないんです。ぎりぎりまで拒み続けていたから、二ヶ月くらいしか入院していないんじゃないでしょうか。最後にはご自分から病院に行かれたそうです。それを聞いて『よほど具合悪かったんだろうな』と思いました』（一凜）

入院したのは自宅から程近い、平井駅前の西村病院である。弟子の鶴生がくも膜下出血で緊急手術を行った場所だ。一門の弟子は交代で病院に詰めていた。何しろ病院嫌いの師匠で、入院自体が初めてのことである。主のいなくなった部屋を片付ける作業も同時に行われていた。

一鶴の体調が悪くなったという連絡を受けてからしばらく、鶴女は見舞に行くべきかどうかを考え続けていた。自分は田辺を出た身である。無神経に行くことも憚《はばか》られた。数ヶ月が過ぎたところでついに入院したという連絡があり、意を決して病院を訪れた。

一鶴が入っていたのは、四人部屋だった。「大好きな師匠、鶴女です」と言いながら扉を開けて、入室する。

師匠は意識があるかわからない状態だったが、鶴女がベッドのそばまで行き、「わかりますか」と声をかけると、「わかるよ。鶴女だろう」と一鶴は答えた。酸素吸入器をつけていたが、声を発することはできた。

鶴女は少し前に、ＮＨＫ「日本の話芸」に出演している。一鶴はそれを観たらしく、「出来がよかったな」と言ってくれた。

生涯わすれない。
わかります。わかるよ。
つる女だろ。
わかった
りょうかく／東西南北／しのぐ／校長
ひんとをいくつかいう。

これは鶴女が西村病院を訪れた際に一鶴と交わした会話を書きとめたものだ。病室を出てから急いで持っていたメモ帳に書いたので、断片的であり、今となっては意味が取りづらい部分もある。メモ帳の表紙には「お天気でとてもいい日。２００９年　平成21年11月1日と12月1日　平井西村病院　一鶴師匠と鶴女の会話」と書かれている。十一月一日と十二月一日、その二回、鶴女は西村病院を訪れたのだろうか。

メモ帳には、複数のページに走り書きがある。「鶴生の話」「両国ちゃんこなべ　せがれが連れてってくれる」「古書店の社長一番偉い」「次の会長はおれだから」といった具合に。

鶴女にとっては、ひさしぶりの師匠との再会である。お互いに自然な形で手が出て、握り合った。そのままの姿勢で鶴女は一鶴と話し続ける。ずいぶん古い話題も出た。

「私が益子美として入門したとき、母が師匠に巻手紙を出していたんです。『依子をどうぞよろしくお願いします』という内容だったと、後で師匠から聞かされました。だからこのとき、母のことも話したんです。『師匠、弟子にしてくれてありがとう。講談師になってよかったねと、母に言われました』と。『師匠、早く元気になってください。一緒に高座に上って東京オリンピックの講談を掛け合いしましょう。師匠長生きするんでしょ。よく百二十五歳まで長生きするって言ってたじゃありませんか。早くよくなってください。師匠、また明日来ますね』、そう言って帰りました」

やがて一鶴が駒込の病院に転院したという連絡が入った。面会謝絶で、以降のお見舞いはいっさいできなかった。転院は慌ただしく行われ、一門の間でも情報は錯綜《さくそう》したという。西村病院で会ったきりになってしまった弟子も多い。凌鶴もその一人だ。

「『羊羹が食べたいから買ってきてくれないか』と言われたと思います。それが最後にかけていただいた言葉になりますね」

転院後間もなく、訃報が流れた。十二月二十二日午前七時、肺炎のため死去。八十一歳の誕生日も間近だった。

新聞各紙が訃報を掲載した。読売新聞朝刊都民版十二月二十三日付のものを引用する（以下、原文ママ）。

田辺一鶴さん死去　病床でも講談に情熱／弟子らから惜しむ声

「ヒゲの一鶴」の愛称で親しまれた講談界の長老、田辺一鶴さん（江戸川区平井）が22日肺炎で亡くなった。80歳になっても、大声を張り上げるエネルギッシュな講談を披露し、後進の育成や伝統芸の普及にも尽力した。弟子や生前に親交のあった人たちからは、惜しむ声が相次いだ。

講談協会によると、田辺さんは11月中旬、体調を崩し、都内の病院に入院していた。田辺さんは初めて女性の弟子を持った講談師としても知られるが、女性弟子の1人、竹林舎青玉さんは今月9日、田辺さんを見舞った際、「起こしては悪い」と思い、病室をそっとのぞき込んで驚いた。

ベッドの上で、酸素マスクをつけた田辺さんが壁に向かって、東海道五十三次を次々と読み上げていた。もともと人と話すことが大好きな師匠で、弟子たちを前にすると、ほとんどしゃべりっぱなしだったという。竹林舎さんは「ひとりになっても講談の芸を磨いている。すごい人だと思った」と語った。

弟子の女流講談師、田辺鶴瑛さんも、10日ほど前に病院を訪れた。田辺さんは「最高の台本ができた」と、病床でもなお、講談への情熱を燃やしていたという。それだけに鶴瑛さんは「回復すると思っていたのに」とショックを隠しきれない様子。「師匠の芸を受け継ぐ者として芸の道に精進したい」と改めて語った。

田辺さんの自宅周辺でも悲しみが広がった。

毎日のように通っていたという「可否茶舗　儚夢亭」の森山洋子さんによると、田辺さんは「講談を聞いたことがない」という客がいると、その場で講談を始めることがあった。「店員も客も、講談師の先生というよりは、気さくな近所のおじいさんとして付き合っていた。１００歳まで生き、講談で弟子たちに囲まれて倒れたいと言っていたのに……」と残念がっていた。

講談を身近なものにしようと、田辺さんは発表の場を演芸場以外にも広げた。２００５年12月には、都内の銭湯を会場とする「東京ニューヨーク寄席」を企画。銭湯の復興に一肌脱ごうと考え、入浴とニューヨークをかけた寄席を発案した。

初回の会場となったのが、毎週通っていたという地元の銭湯「旭湯」。脱衣所を会場に、巧みな講談を披露した。経営者の酒井昭彦さんは「師匠の話は面白くて、集まった約30人のお客さんは笑い転げていた」と振り返り、「もう一度、風呂場で師匠の講談を聞きたかった」と惜しんだ。

知らせを受けて鶴女は、駒込の病院に駆けつけた。ベッドに横たわっている一鶴は、長いひげが真っ白になっていた。おかみさんに許可をもらい、持っていたマスカラでそれを染めた。ひげが黒々となると、テレビの人気者だったいつもの田辺一鶴に戻った。乱れていた髪を撫でつけて整える。

師匠、お疲れさまでした。かわいがってくださってありがとうございました。心の中で挨拶した。

一鶴の告別式は二〇〇九年十二月二十六日に行われた。『お天気でとてもいい日。』のメモ帳に、この日付でリストが書かれている。

1、感謝の手紙

2、NHK「日本の話芸」の手帖

3、えんぴつ

4、張り扇

5、老眼きょう（メガネ）

6、マスカラ

7、くつ下（白と黒）

8、おり鶴（大、青）
9、おり紙（着物ピンク、きいろ、青、緑、茶）
10、おり紙（はかまうす茶、うすきいろ）
11、おり紙（弟子と友達）
12、たび
13、おさとう
14、だんご（手作り）

これらは一鶴の棺《ひつぎ》の中に入れたものだ。鶴女は、葬儀社員に確認し、個包装のビニールを一つひとつ外して、紙袋にそれらを詰めなおした。この他にボールペン、マジック、ノート、一鶴の好きだった甘い物で、カステラ、ラムネ、黒豆やミルクキャラメルなども準備した。折紙の着物と袴は何かというと、芸人の葬式だが紋付の羽織袴姿ではなかったので、折紙で形を作って代わりに入れたのだ。一鶴は派手な色の着物が好きだったので、黒ではなくてピンクや黄色などにした。葬儀社員からは「あなたが持ってきた靴下、履いてもらってはどうですか」と言われた。一鶴が素足だったからだ。鶴瑛と銀冶に頼んで、白の靴下を履かせた。

このリストにある以外に、講談師の道具である扇子と張り扇、手拭、そして柝《き》を入れた。これらは鶴女のものである。一鶴といえばアンパンが欠かせない。それも入れた。カセットデッキを持参し、出世作「東京オリンピック」を流した。告別式会場に一鶴の張りのある声が流れる。

——オリンポスの丘で古代オリンピックの遺跡が発掘されましたのを目《ま》の当たりに致しましたフランスのピエール・ド・クーベルタン男爵は、「これだっ！」と思いまして、これをヒントに致しまして近代オリンピックを提唱したのでございます。従いまして、その第一回は古代オリンピックに敬意を表してギリシャのアテネで、一八九六年に開かれました。

オリンピックのシンボルである五輪のマークは、「五つの大陸で平和の祭典を！」という理想なんですが、その理想が完全に果たされましたのは、何とそれから六十八年間も掛かりまして一九六四年、東京オリンピックの時でございました。

敗戦の衝撃から徐々に立ち直ってきた日本国民が、明るい未来の象徴として夢見たのが一九六四年の東京オリンピックであり、そこに託された夢を講談の形で再現したのが田辺一鶴だった。常に前向きで人の和を重んじ、未来が薔薇《ばら》色であることを信じて疑わない一鶴にとって、それはもっともふさわしい題材だった。

一鶴ははばたき、自らが思い描いた青空へと還っていった。

鶴女の恩返し

田辺一鶴最後の高座は、二〇〇九年十一月十四日、文化シビックセンター四階で開催された「文京講談寄席」であったという。未来を見据えて創立した講談大学の催しである。背中に体調は最悪だったが、どうしても一人で行くと言い張って自宅からやってきた。背中に座布団を何枚か重ねて椅子のような形を作ってもらい、そこに寄りかかる。だが、体はずるずると崩れて仰《あお》向《む》けになってしまった。やむをえず、座布団で仮のベッドを作り、そこに横たわりながら生徒たちの講談を聴いた。

そんな体調であるのに、自らも高座に上った。生徒が二人左右につき、倒れたら一鶴を支えようと準備している。客席では生徒たちや応援してくれているお客たちが、ハンカチで顔を押さえ、嗚咽《おえつ》をこらえながら高座に食い入るような視線を送っていた。

その場にいなかった鶴女は、講談親睦会の若林誠二会長にその写真を見せてもらいながら、話を聞いた。最後の高座を一鶴に務めさせてくれたことに、深く感謝したという。「側にいて見守ってくださったことに、心から手を合わせ、ありがとうございます」と言葉で伝えた。

大阪府池田市から歌手になるために上京した少女の運命は、田辺一鶴という巨人と出会ったことで大きく変わった。まったく興味のなかった講談が、一生の仕事となった。田辺益子美、田辺鶴女、桃川鶴女と名前は変わったが、いつでも高座に上った。五十年もの間。

女流講談師がまだ珍しかった時代から、男性のものと考えられて、女性は生きづらかった講談界に、その居場所を作るために奮闘した。時には悔しい思いも味わった。師匠である一鶴とは蜜月《みつげつ》もあったが、哀しい別れもあった。どん底の辛さを体験したときも、歯を食いしばって講談師であり続けた。田辺一鶴から、そうしなさいと有形無形に教えられたからだ。道こそ分かれたが、その教えは常に胸の中にある。

「私は大きな声で言いたい。日本一の講談師、ヒゲの一鶴と。鶴女は、師匠のおかげで女流講談師を五十年やってこられました。これからの目標は、師匠がいつも言っていた言葉――『俺は、百二十五歳まで生きて講談を広める』。私も百二十五歳まで生きて、女流講談師・桃川鶴女は、講談を広めます」

一九七三年十二月に正式な講談界入りを果たした桃川鶴女は、二〇二三年十二月に講談師生活満五十年を迎える。

そしてその翌月から新たな五十一年目が始まる。鶴は、これからも飛び続けるだろう。

（了）

あとがき

あの時、あんな事さえ言わなかったら。そして、あの時話し合っていたら。

皆さんもそれぞれの「あの時」があると思います。けれど私達は、もう「あの時」に帰る事ができません。ただ立ち止まって、「あの時」を振り返ることしか出来ません。そして、また前を見て歩いて行くしかないのです。生きて行くという事は、そうした事のくり返しなのかもしれません。

そんな事を考えて、こころの思い出を、笑いと涙の師弟の日記として、書いて残す事にしました。少しは、皆さんの「生きる」ヒントになればと思います。

よく「師匠田辺一鶴という人はどんな人だったんですか。どんな講談師だったんですか」と聞かれました。

この本を出すにあたり、五十年間を思い返していると、ひとつの答えが浮かんできました。最澄の遺した言葉のような講談師だと！

「一燈照隅《いっとうしょうぐう》　萬燈照国《まんとうしょうこく》」

師匠一鶴は、一燈となって一隅を照らした。そして、たくさんの弟子を取り、一人一燈を持たせ、一燈が万燈となり、万人に、明るさと元気を与えた。

さらには講談界を灯すように、講談界が大きくなるように、願っていたのだと。

鶴女もその一燈です。一燈から万燈になる女流講談師でありたい。師匠一鶴からの言葉を鶴女は忘れない。

「いつでもどこでも、人がいてもいなくても一生懸命講談をしなさい。きっと誰か一人は聞いている。と、信じる事が大切だ」

二〇二三年十二月

女流講談師　桃川鶴女

田辺一門系図

- 田辺南鶴（十二代目）
  - 田辺一鶴
    - 田辺小鶴（神田山陽門下へ／神田翠月）（故人）
    - 田辺千鶴子（宝井馬琴門下へ／宝井琴桜）
    - 田辺夕鶴（神田山陽門下へ／天の夕づる）（廃業）
    - 田辺鶴生（故人）
    - 田辺鶴女（独立／桃川鶴女）
    - 田辺南北
    - 田辺鶴英
    - 田辺一邑
      - ●田辺いちか（二）
      - ●田辺一記（二）
    - *田辺一会（独立／田ノ中星之助）
    - *田辺小むぎ（鶴英門下へ／田辺銀冶）
    - *田辺凌鶴（一邑門下へ）
      - ●田辺凌天（二）
      - ●田辺凌々（前）
    - *田辺一凜（宝井琴梅門下へ／宝井一凜）
    - *田辺駿之介（宝井琴梅門下へ／田辺鶴遊）
    - *田辺一乃（一邑門下へ）

凡例

＊：一鶴没時、二ツ目

●：一鶴の孫弟子

（二）：2023 年 12 月現在、二ツ目

（前）：2023 年 12 月現在、前座

※右から、入門年順。講談協会ホームページに拠る

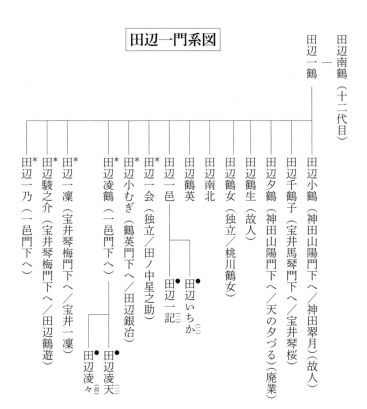

桃川鶴女・作

『オリンピック物語』

古代ギリシャでおこなわれていた競技会。現在はオリンピックといいます。そのオリンピックから千五百年ほどたちました一八六三年。日本では幕末時代です。

一月一日フランスは花の都パリで産声《うぶごえ》を上げましたのが、ピエール・ド・クーベルタン。貴族の三男でございます。這《は》えば立て、立てば歩めの親心。すくすくと成長しまして、士官学校に入学致します。両親は、ゆくゆくは軍人か官僚かあるいは政治家になる事を期待しておりました。

入学して軍人になるための勉学や訓練が始まります。

それから数ヶ月経ったある日の事。「ワーテルローの戦い」の授業がありました。ワーテルローは現在のベルギーにございます。

先生「ワーテルローの戦いで、我がナポレオンがひきいるフランス軍はイギリス軍に負けた」

するとクーベルタンが

クーベル「先生、当時ヨーロッパで向かうところ敵なしのフランス軍が負けるなんて信じられません。なにが敗因《はいいん》でしょうか（なぜ負けたんでしょうか）」
先生「それは、イギリス軍が強いからだ」
クーベル「先生、戦術戦法に誤りがあったのでしょうか」
先生「イヤイヤいろんな人が検証しているが、これと言って誤りはない」
クーベル「にもかかわらず負けたのは、なぜでしょうか」
先生「それは、イギリス軍の士気《しき》、気力、体力が勝っていたからだ」
クーベル「それは、なぜ」
先生「それを知りたければ君自身がイギリスに行って調べるべきだ」
さあそこでクーベルタンはイギリスに渡りました。まず始めにパブリックスクールを視《し》察《さつ》します。さぞかし詰《つ》め込み教育をしていると思いきや、イギリスの学生たちは、スポーツに熱中しておりました。しかも激しいスポーツにもかかわらず紳士的にルールを守り、審判の判定に従い、試合が終わるとお互いに健闘を讃《たた》えあう、礼儀正しい、心身《しんしん》ともに鍛《きた》える教育。
それに比べてフランスの生徒たちは知識を詰め込む教育。これでは、立派な青年は育たない。ワーテルローの戦いで負けたのはこれだ。教育改革だ。スポーツだ。クーベルタンは、この時体を動かす教育体育、教育学に目覚めたと申します。

その頃ギリシャでは、古代遺跡の発掘調査が盛んにおこなわれておりました。古代オリンピックの事がだんだんわかって来ました。そこで調べている歴史学者に

クーベル「先生、スポーツは、心身を鍛えるのに大変いいですね。古代ギリシャの競技会とはどんなものだったんですか」

先生「古代ギリシャの競技会は、ゼウスの神にささげるもので、オリンピアという丘で、四年に一度おこなわれます。その競技会の期間中は、戦争はしてはいけないという事になっています」

クーベル「そうですか。スポーツは平和に結びつきますね。そうかいろんな国が集まって競技会をすればスポーツは盛んになるし、国同士の争《あらそ》いもなくなる。競技会を復活しよう」

さあそこでクーベルタンは、競技会を通じて「世界平和」を実現しようと訴えます。国を越えて、スポーツ関係者、政治家など、多くの賛同者によって一八九四年六月二十三日国際オリンピック委員会がスイスのジュネーブに設立されました。この競技会がおこなわ

れていたのは、オリンピアの丘だったので、オリンピックと名付けられました。

そしてクーベルタンは、オリンピックのシンボルマークであるあの五輪のマークを考えました。世界中の人が参加するマークでなければならない。

「地球には五つの大陸がある。その大陸が手を結んで一つになる。そうだ五つの輪。五輪だ」

こうして「五つの大陸で平和の祭典を」という理想の五輪のマークが誕生致しました。

第一回のオリンピック大会は古代オリンピックの故郷ギリシャのアテネで一八九六年におこなわれました。参加十四ヶ国二百八十名八競技四十三種目。

第二回パリ。

第三回セントルイス。

第四回はロンドン。この時、晩餐《ばんさん》会の席上でクーベルタンは「オリンピックは、勝つことではなく、参加することにこそ意義がある。自己を知る、自己を律す、自己に打ち克つ、これこそがアスリート、スポーツ選手の義務であり、最も大切な事である」と、あの有名な言葉を残しました。

第五回ストックホルム。この大会から日本が参加することになりました。

第六回中止。

第七回アントワープ。日本人が初めてメダルを獲得したオリンピック大会でした。テニスのシングルスとダブルスで銀メダルを獲得致しました。この優勝者に与えられたかんむりは、オリンピアの丘にはえていたオリーブの葉で作ったかんむりでした。

第八回は、パリ。

第九回アムステルダム。日本人女性が初めてメダルを獲得したオリンピック大会です。人見絹枝さんが、陸上女子八百メートルで銀メダルをとりました。

第十回ロスアンゼルス。

第十一回ベルリン大会。その翌年一九三七年近代オリンピックの父クーベルタンは六十六才の生涯をおえました。

第十二回、第十三回中止。

第十四回ロンドン、第十五回ヘルシンキ、第十六回メルボルン、第十七回ローマ。

いよいよ第十八回東京大会となりました。

思い出していただきましょう。アジアにはじめて聖火《せいか》が上がりました。この聖火は、ギリシャのオリンピアの丘の神殿のすぐ前で、ギリシャの女性達が鏡を太陽の光にあてて、火をおこしたその聖火は一万七百十三人の手によりリレーで参加国にとどけられました。今はケースに入れたり、色々な方法で持って来ます。

第十八回オリンピック東京大会。今こそ幕は開かれます。場所は東京国立競技場。

ぎっしり詰まった大観衆。色とりどりの国際色ゆたかな吉野竜田《たつた》の花紅葉。その数七万五千有余人。

時はいつなんめりかな一九六四年昭和三十九年甲辰《きのえたつ》年十月十日。

思えば長き東京への道。第一回のギリシャのアテネ大会からなんと六十八年もかかり、一九六四年の東京オリンピック大会。七つの海を乗り越えて世界は一つに会《かい》しました。

時一時五十五分、平和を願うクーベルタンの言葉が電光掲示板に輝き渡る時、折しも高なるファンファーレー。このファンファーレに代わって古関裕而《こせきゆうじ》作曲、心も浮き立つオリンピック・マーチにと曲が変わります。ホーラ変った。変った。

いよいよ大選手団の入場行進です。この日の為に鍛えし世界の若者五千五百四十一人。七万五千人の大観衆、息をこらして北口ゲートを見守る内、ドーッと上がった大歓声。あれあれあれあれをご覧ぜられよ。

まず第一番手はギリシャなり。オリンピック発祥の国二十人の選手団なり。

それより後は、アルファベットの順にして、アフガニスタン、アルジェリア、アルゼンチン、オーストラリア、オーストリア、バハマ、ベルギー、バミューダ、ボリビア、ブラジル、英領ギアナ、ブルガリア、ビルマ、カンボジア、カメルーン、カナダ、セイロン、チャド、チリ、コロンビア、コンゴ、コスタリカ、キューバ、チェコスロバキア、デンマーク、ドミニカ、エチオピア、フィンランド、フランス、ドイツ、ガーナ、イギリス、香港、ハンガリー、アイスランド、インド、イラン、イラク、アイルランド、イスラエル、イタリア、コートジボワール、ジャマイカ、ケニア、韓国、レバノン、リベリア、リビア、リヒテンシュタイン、ルクセンブルク、マダガスカル、マレーシア、マリ、メキシコ、モナコ、モンゴル、モロッコ、ネパール、オランダ、アンチェル、ニュージーランド、ニジェール、ナイジェリア、北ローデシア、ノルウェー、パキスタン、パナマ、ペルー、フィリピン、ポーランド、ポルトガル、プエルトリコ、ローデシア、ルーマニア、セネガル、スペイン、スウェーデン、スイス、台湾、タンガニーカ、タイ、トリニダード・トバゴ、チュニジア、トルコ、アラブ連合、ウガンダ、ウルグアイ、アメリカ、ソビエト連邦、ベネズエラ、ベトナム、ユーゴスラビアに続きまして、いよいよこれが最後九十四番目。

待ってました！　本大会の立役者、真打登場、千両役者が花道へ差し掛かってまいります。これぞ開催国日本の選手団三百三十五人なり。

白地に赤く日の丸染めて、ドーッと上がった大歓声。

第十八回東京オリンピック入場行進でした。

続いて第十九回メキシコ、第二十回ミュンヘン、第二十一回モントリオール、第二十二回モスクワ、第二十三回ロサンゼルス、第二十四回ソウル、第二十五回バルセロナ、第二十六回アトランタ、第二十七回シドニー、第二十八回アテネ、第二十九回北京。

第三十回ロンドン大会は平成二十四年七月二十七日から八月十二日までの十七日間、参加二百四ヶ国二十六競技がおこなわれました。第一回アテネ大会では、八競技。ずい分増えましたですね。

第三十一回リオデジャネイロ。

そして、第三十二回。二回目の東京オリンピック大会が新国立競技場で開催されました。

クーベルタンが「世界平和を実現しよう」と呼びかけた「平和の祭典オリンピック」は、今もなお続いております。

本日のお話は、「オリンピック物語」と題しました一席。
これをもって読み終わりとさせていただきます。

参考文献

阿部主計『伝統話芸・講談のすべて』（雄山閣）
有竹修二『講談伝統の話芸』（朝日新聞社）
石井英子『本牧亭の灯は消えず　席亭・石井英子一代記』（中公文庫）
一龍斎貞鳳『講談師ただいま24人』（朝日新聞社）
二代目神田山陽『桂馬の高跳び　坊っちゃん講釈師一代記』（中公文庫）
神田松之丞（現・神田伯山）『神田松之丞　講談入門』（河出書房新社）
佐野孝『講談五百年』（鶴書房）
塩崎淳一郎『評伝　一龍齋貞水　講談人生六十余年』（岩波書店）
瀧口雅仁『講談最前線』（彩流社）
十二代目田辺南鶴・編『講談研究』（私家版）
吉田修『東都講談師物語』（中央公論事業出版）

その他多くの雑誌・新聞記事を参照いたしました。

謝辞

本書成立・執筆に当たっては左記の方に大変にお世話になりました。

企画成立にご助言・お力添えをいただきました神田陽子様、六代目神田伯山様、横里隆様、取材協力や資料提供をいただきました田辺一邑様、田辺凌鶴様、宝井一凜様、清水孝子様、浜井武様、四方恵津子様、若林誠二様、講談協会ならびに日本講談協会各位、校閲にご協力いただきました神保喜利彦様。また、装幀および本文デザインには菊地昭秀様、小栗山雄司様にご尽力をいただきました。

改めて御礼申し上げます。

桃川鶴女
杉江松恋

装幀デザイン　菊地昭秀
本文デザイン　小栗山雄司

著　者
桃川鶴女（ももかわ　つるじょ）
女流講談師。土佐の高知で生まれ、大阪府池田市で育った。第一共栄阿部社長（舟木一夫育ての親）宅へ歌手修行として住み込む。スクールメイツ養成所東京音楽学院へ通ったのち、秋月ともみ氏のもとで本格的に歌手修行をしていた際、同氏の薦めで1973年12月田辺一鶴に入門し小島貞二氏の命名により益子美。1977年5月に二ツ目昇進、1985年9月鶴女（小島貞二氏の命名）と改め真打昇進。2004年4月田辺改め桃川鶴女として独立。

聞き手
杉江松恋（すぎえ　まつこい）
1968年、東京都生まれ。慶應義塾大学文学部卒。書評を中心とした文筆活動を主として行い、近年は古典芸能に取材した著書も多い。著書に『浪曲は蘇る』、『ある日うっかりPTA』、『路地裏の迷宮踏査』、『読みだしたら止まらない！　海外ミステリー・マストリード100』『100歳で現役！　女性曲師の波瀾万丈人生』（玉川祐子と共著）、『絶滅危惧職　講談師を生きる』（神田伯山と共著）、『桃月庵白酒と落語十三夜』（桃月庵白酒と共著）など。

鶴女の恩返し　師匠田辺一鶴へ弟子鶴女が贈る涙と笑いの講談道

発行日 2024年1月11日　初版第1刷発行

著　者　桃川鶴女
聞き手　杉江松恋
発行者　小池英彦
発行所　株式会社 扶桑社
〒105-8070 東京都港区芝浦1-1-1 浜松町ビルディング
電話 03-6368-8870（編集）03-6368-8891（郵便室）
www.fusosha.co.jp

校閲　神保喜利彦
校正　株式会社 東京出版サービスセンター
印刷・製本 タイヘイ株式会社印刷事業部

定価はカバーに表示してあります。

ISBN978-4-594-09409-6　Printed in Japan